Atividades rítmicas e expressivas:
a dança na educação física

EDITORA
intersaberes

O selo DIALÓGICA da Editora InterSaberes faz referência às publicações que privilegiam uma linguagem na qual o autor dialoga com o leitor por meio de recursos textuais e visuais, o que torna o conteúdo muito mais dinâmico. São livros que criam um ambiente de interação com o leitor – seu universo cultural, social e de elaboração de conhecimentos –, possibilitando um real processo de interlocução para que a comunicação se efetive.

Atividades rítmicas e expressivas: a dança na educação física

Silvia Regina Ribeiro

EDITORA intersaberes

Rua Clara Vendramin, 58 • Mossunguê • CEP 81200-170 • Curitiba • PR • Brasil
Fone: (41) 2106-4170 • www.intersaberes.com • editora@editoraintersaberes.com.br

Conselho editorial
Dr. Ivo José Both (presidente)
Dr.ª Elena Godoy
Dr. Neri dos Santos
Dr. Ulf Gregor Baranow

Editora-chefe
Lindsay Azambuja

Supervisora editorial
Ariadne Nunes Wenger

Analista editorial
Ariel Martins

Preparação de originais
Gilberto Girardello Filho

Edição de texto
Natasha Saboredo
Tiago Krelling Marinaska

Capa
Laís Galvão (*design*)
Dragon Images/Shutterstock (imagem)

Projeto gráfico
Luana Machado Amaro

Diagramação
Alfredo Netto

Equipe de *design*
Luana Machado Amaro
Laís Galvão

Iconografia
Celia Kikue Suzuki
Regina Claudia Cruz Prestes

Dados Internacionais de Catalogação na Publicação (CIP)
(Câmara Brasileira do Livro, SP, Brasil)

Ribeiro, Silvia Regina
Atividades rítmicas e expressivas: a dança na educação física/Silvia Regina Ribeiro. Curitiba: InterSaberes, 2019. (Série Corpo em Movimento)

Bibliografia.
ISBN 978-85-5972-942-9

1. Dança 2. Dança – Aspectos fisiológicos 3. Educação física 4. Educação física – Estudo e ensino 5. Exercícios físicos – Aspectos fisiológicos I. Título. II. Série.

18-22051   CDD-613.7

Índices para catálogo sistemático:

1. Condicionamento físico: Dança: Educação física   613.7

Maria Alice Ferreira – Bibliotecária – CRB-8/7964

1ª edição, 2019.

Foi feito o depósito legal.

Informamos que é de inteira responsabilidade da autora a emissão de conceitos.

Nenhuma parte desta publicação poderá ser reproduzida por qualquer meio ou forma sem a prévia autorização da Editora InterSaberes.

A violação dos direitos autorais é crime estabelecido na Lei n. 9.610/1998 e punido pelo art. 184 do Código Penal.

Sumário

Apresentação • 15
Organização didático-pedagógica • 21
Introdução • 25

Capítulo 1
Atividades rítmicas e expressivas na educação física • 27
  1.1 As concepções de atividades rítmicas e expressivas e dança • 30
  1.2 A legitimação da dança na educação física • 34
  1.3 A dança na educação física • 40
  1.4 A formação do profissional de educação física para a dança • 46
  1.5 Competências e habilidades para a atuação profissional • 50

Capítulo 2
A dança como linguagem corporal na história da humanidade • 65
  2.1 A dança primitiva • 69
  2.2 A dança na Idade Antiga • 71
  2.3 A dança na Idade Média e na Idade Moderna • 75
  2.4 A dança na Contemporaneidade • 79
  2.5 A dança brasileira • 84

Capítulo 3
  Fundamentos da dança · 105
  3.1 Entendendo a proposta metodológica do ensino da dança · 108
  3.2 O tempo na dança · 116
  3.3 A intenção na dança · 123
  3.4 O espaço na dança · 126
  3.5 Ampliação da técnica · 127

Capítulo 4
  As ações corporais da dança – Parte I · 147
  4.1 Os movimentos articulares corporais · 150
  4.2 Posições básicas da cabeça · 157
  4.3 Movimentos de tronco · 158
  4.4 Movimentos de ombro · 163
  4.5 Movimentos com os membros superiores · 166

Capítulo 5
  As ações corporais da dança – Parte II · 181
  5.1 Movimentos com os membros inferiores · 184
  5.2 Os pés na dança · 185
  5.3 Posições sistematizadas dos pés · 187
  5.4 Transferência de peso: passos da dança · 192
  5.5 Giros e saltos · 208

Capítulo 6
O ensino da dança de acordo com cada faixa etária • 221
6.1 Abordagem desenvolvimentista da dança • 224
6.2 A dança na primeira infância • 228
6.3 A dança na segunda infância e na adolescência • 232
6.4 A dança educativa • 240
6.5 Estrutura e planejamento das aulas de dança • 243

Considerações finais • 259
Referências • 261
Bibliografia comentada • 271
Respostas • 275
Sobre a autora • 277

Dedico esta obra ao meu pai, que iniciou sua profissão como radialista numa emissora no interior de São Paulo, mas consolidou uma carreira no magistério por mais de 40 anos. Desde os anos de 1970, ele acreditou e fomentou o poder da educação na formação de um cidadão crítico no mundo.

À minha mãe, contadora, que com todo seu afeto e com uma inteligência extremamente lógica me fez acreditar que eu sempre poderia errar e melhorar; dessa forma, construí uma base crítica sólida de arquivos ao longo de minha trajetória na educação física.

À minha filha, Bia, minha estrelinha e orgulho da minha vida, que se descobriu uma educadora apaixonada.

À minha neta, Sophia, amor da minha vida, que aos 3 anos de idade me ensina, com um sorriso de orelha à orelha, o que é um espetáculo de dança: "Vovó, você pega a melancia na frente e gira, gira, sem parar; joga ela bem, mas bem alto, põe a mão na cintura, abaixa e bate palma!".

Antes de tudo, agradeço a Deus.

Gostaria de agradecer aos meus mestres e alunos, entre os quais estão arte-educadores, integrantes de grupos de dança e bailarinos que, ao longo de minha trajetória, contribuíram direta ou indiretamente para a consolidação desta proposta de ensino-aprendizagem em dança voltada aos profissionais de educação física.

Agradeço também às instituições e às agências de fomento que possibilitaram a elaboração deste livro.

Agradeço, ainda, ao Prof. Dr. Marcos Ruiz pela oportunidade de socializar o conhecimento construído durante longos anos de práticas acadêmicas voltadas à dança na Educação Física.

Quanto à produção desta obra, agradeço especialmente à Profª. Mª. Carla Adriane de Souza, grande amiga paranaense e parceira de trabalho, pelas percepções e discussões do texto e pela produção das imagens; e à Letícia Barszcz, acadêmica do curso de Educação Física da Universidade Estadual de Ponta Grossa (UEPG), bailarina e amante da dança, pelas imagens cedidas.

O que aconteceria se, em vez de apenas construirmos nossa vida, tivéssemos a loucura ou sabedoria de dançá-la?

Roger Garaudy, 1980.

Apresentação

Esta obra aborda a linguagem corporal expressiva desde a forma inteligente pela qual as crianças se relacionam com o mundo por meio dos brinquedos cantados, passando pelos lindos folguedos, nas diferentes manifestações populares de dança do nosso Brasil, até as ricas produções de dança, nos seus mais diferentes estilos, até hoje desenvolvidas na história da humanidade.

Portanto, este livro permitiu registrarmos os caminhos percorridos e os conhecimentos construídos ao longo de nossa trajetória profissional na educação física relacionada ao ensino-aprendizagem da dança.

As atividades rítmicas e expressivas se constituem em ricas manifestações culturais, com a presença de diferentes ritmos, formas corporais, dinâmicas espaciais e significados expressivos específicos vividos pela humanidade.

A dança é uma das mais primárias manifestações da cultura corporal de movimento e um objeto de estudo e ensino da área de educação física. Nessa perspectiva, cabe ao professor, como agente mediador do processo educativo, democratizar e garantir aos alunos o acesso ao conhecimento da dança, considerando suas diferentes faixas etárias, suas singularidades e seus objetivos práticos, seja no ambiente escolar, seja em grupos de dança ou academias.

Nossa trajetória na educação nos permitiu perceber que o ensino da dança impõe alguns desafios para o professor de Educação Física, os quais parecem se relacionar, de um lado a uma visão da dança como forma de arte e, de outro, às abordagens teóricas que historicamente sustentaram a área de educação física, como a higienista, a militarista e a esportivista, que ressaltam o corpo físico e motor treinável. Essa dicotomia acaba fragilizando a construção de um corpo teórico-prático para o efetivo exercício do conteúdo.

Na formação inicial do profissional de Educação Física, essa dicotomia ainda parece presente no que diz respeito ao treinamento do corpo por meio de uma tendência tecnicista, sem uma reflexão sobre o fazer corporal em sua totalidade, isto é, que considere aspectos motores, cognitivos, sociais, políticos, emocionais e culturais, de forma a distanciar o universo da dança como linguagem corporal a ser compreendida na área de educação física.

No Brasil, esse fato também é percebido nos principais documentos, diretrizes e orientações da dança como área do conhecimento vinculada à educação física, que revelam a falta de uma fundamentação teórica e prática consistente para um trabalho crítico e consciente, com orientações metodológicas e didático-pedagógicas para o entendimento do conteúdo e a efetiva atuação do professor na dança.

Quanto à exploração da dança como conteúdo das aulas de Educação Física, percebemos alguns pontos frágeis. Sua aplicação fica restrita ao conhecimento ou à vivência do profissional, a coreografias reproduzidas nas mídias e a produções para festividades, como festas juninas ou folclóricas. Em outras palavras, ocorre um esvaziamento da sistematização do conhecimento sobre a dança como processo de linguagem corporal, ou seja, um potente conteúdo de comunicação corporal do aluno em seu ambiente sociocultural.

O mergulho no universo da dança permite ao professor de Educação Física identificar sua contribuição e suas reais possibilidades de trabalho com esse tema na escola, tanto na democratização do seu conteúdo quanto na alfabetização do corpo como uma das vias de educação de um cidadão crítico e atuante na sociedade.

Nosso caminho com a dança, no universo da Educação Física, fez-nos acreditar na necessidade de um campo teórico de habilidades e fundamentos comuns aos mais variados estilos e manifestações de dança, no sentido de permitir ao profissional da área democratizar a modalidade.

Toda forma de dança é composta de quatro pilares: ação corporal, espaço, tempo e intenção, os quais denominamos *elementos estruturantes da dança*. Num processo pedagógico, inicialmente são construídas as ações corporais da dança. Na sequência, a técnica é ampliada e aprimorada por meio da exploração dos aspectos temporais, espaciais e expressivos, com laboratórios de contextualização da linguagem corporal como forma de alfabetizar o corpo para as possibilidades de movimentos expressivos no processo coreográfico.

Tendo isso em vista, esta obra foi organizada a partir de um texto introdutório que trata da concepção de dança como linguagem e conteúdo da cultura de movimento – objeto de estudo da educação física.

Com a intenção de aproximar o universo da dança dos profissionais de educação física e oferecer um subsídio teórico-prático para o desenvolvimento do trabalho com esse tema, apresentamos capítulos organizados de forma a possibilitar a apropriação do conteúdo, socializando ferramentas que construímos ao longo de nossa trajetória e que, talvez, possam contribuir para um processo reflexivo e dialógico dos docentes na construção de suas práticas pedagógicas.

No Capítulo 1, explicaremos o conceito de atividades rítmicas e expressivas como a manifestação cultural de linguagens corporais, buscando esclarecer que se tratam, em essência, da arte da dança, objeto de estudo da educação física legitimado pelas diretrizes nacionais brasileiras. Na sequência, abordaremos as principais dificuldades encontradas no trabalho com a dança nas práticas profissionais da educação física, assim como as habilidades e competências a serem construídas, na nossa proposta, para a formação e o exercício profissional.

No Capítulo 2, analisaremos a dança como linguagem corporal humana, por meio da qual o homem também veio se comunicando ao longo da história para expressar valores, sentimentos, conceitos e formas de entendimento do mundo. Por meio de um pequeno recorte na história da dança, buscaremos identificar as principais características da história da humanidade. A análise das características históricas dessa atividade se constitui em um rico elemento, tanto para a preservação da identidade cultural quanto para a reflexão das linguagens corporais utilizadas nas diversas manifestações de dança ao longo da história e na atualidade.

No Capítulo 3, apresentaremos os fundamentos da dança como metodologia de ensino, contemplando um subsídio teórico-prático de conteúdos e estratégias de ensino para os professores de Educação Física que possa contribuir para o desenvolvimento do tema em suas aulas.

Nos capítulos 4 e 5, demonstraremos as ações corporais da dança, construídas por meio das articulações corporais, e os contextos de diferentes modalidades de dança sistematizadas na história. As possibilidades de movimento estão divididas em duas categorias: ações com a cabeça, o tronco e os membros superiores (Capítulo 4); e ações com os membros inferiores (Capítulo 5). Além disso, indicaremos os principais movimentos construídos e, consequentemente, utilizados na dança: os saltos e os giros.

Para o entendimento e a utilização dessas ações nas aulas de dança, buscamos evidenciar, de forma didática, a descrição detalhada dos movimentos, complementada pelo uso de imagens e diagramas para apresentar as movimentações, bem como discutir os processos pedagógicos e as variações das formas. Isso porque consideramos necessário reconhecer de onde partem as ações corporais para que haja, de fato, a compreensão e ampliação do vocabulário motor e a aquisição de novos códigos comuns referentes às diferentes manifestações e modalidades de dança. Trata-se, portanto, de alfabetizar o corpo para a dança.

No Capítulo 6, discorreremos sobre as principais características motoras, psicossociais e culturais relativas aos diferentes estágios de desenvolvimento (divididos por faixas etárias dos aprendizes), relacionando as necessidades e possibilidades de trabalho com a dança numa perspectiva desenvolvimentista da educação física. Por fim, apresentaremos a estruturação básica de planos de aula de dança, bem como a especificidade dos planejamentos para a aplicação do conteúdo nas aulas de Educação Física, buscando uma aproximação com a realidade vivenciada no ambiente escolar.

Cientes da imensidão do universo da dança, nesta obra procuramos aproximar, minimamente, o professor de Educação Física desse tema, tendo em vista a necessidade latente do entendimento, da caracterização e da especificidade da dança, nessa disciplina, bem como sua contribuição para o desenvolvimento dos estudantes nas mais diferentes esferas – por exemplo, na otimização de sua capacidade de comunicação e interação na sociedade.

Esperamos que esta leitura seja de grande valia para seus trabalhos com a dança.

Bom estudo!

Organização didático-pedagógica

Esta seção tem a finalidade de apresentar os recursos de aprendizagem utilizados no decorrer da obra, de modo a evidenciar os aspectos didático-pedagógicos que nortearam o planejamento do material e como o aluno/leitor pode tirar o melhor proveito dos conteúdos para seu aprendizado.

Introdução do capítulo

Logo na abertura do capítulo, você é informado a respeito dos conteúdos que nele serão abordados, bem como dos objetivos que a autora pretende alcançar.

Importante!

Algumas das informações mais importantes da obra aparecem nestes boxes. Aproveite para fazer sua própria reflexão sobre os conteúdos apresentados.

Preste atenção!

Nestes boxes, você confere informações complementares a respeito do assunto que está sendo tratado.

Síntese

Você conta, nesta seção, com um recurso que o instigará a fazer uma reflexão sobre os conteúdos estudados, de modo a contribuir para que as conclusões a que você chegou sejam reafirmadas ou redefinidas.

Indicações culturais

Nesta seção, a autora oferece algumas indicações de livros, filmes ou *sites* que podem ajudá-lo a refletir sobre os conteúdos estudados e permitir o aprofundamento em seu processo de aprendizagem.

Atividades de autoavaliação

Com estas questões objetivas, você tem a oportunidade de verificar o grau de assimilação dos conceitos examinados, motivando-se a progredir em seus estudos e a se preparar para outras atividades avaliativas.

Atividades de aprendizagem

Aqui você dispõe de questões cujo objetivo é levá-lo a analisar criticamente determinado assunto e aproximar conhecimentos teóricos e práticos.

Bibliografia comentada

Nesta seção, você encontra comentários acerca de algumas obras de referência para o estudo dos temas examinados.

Introdução

Dar aulas de dança pode ser angustiante para o profissional de educação física, visto que se refere a um universo diferente dos conteúdos presentes em sua história de vida – os esportes ou as ginásticas –, pois se trata de uma área do conhecimento que, muitas vezes, não é reconhecida. Por um lado, percebemos a necessidade de apresentar o conteúdo; por outro, verificamos a dificuldade de uma organização sistemática dos alfabetos da dança e dos objetivos pretendidos, bem como dos procedimentos pedagógicos a serem aplicados a cada faixa etária.

Pensar a dança na disciplina de Educação Física é, inicialmente, aproximar-se desse universo, reconhecendo-o como objeto de estudo, em virtude da familiarização do professor em relação ao campo esportivo e ao condicionamento físico, ginástico ou recreativo.

A dança é a forma mais primitiva de linguagem corporal que a humanidade aprendeu e desenvolveu, e cabe ao professor contribuir para melhorar a ação social do aluno por meio do movimento expressivo.

Segundo as orientações dos Parâmetros Curriculares Nacionais (Brasil, 1997a), cabe ao professor garantir o acesso ao conhecimento das manifestações de dança historicamente produzidas pela humanidade, possibilitando ao aluno que ele se reconheça não apenas como sujeito que é produto, mas também como agente histórico, político, social e cultural.

Tendo em vista essas questões, podemos começar nossos estudos e nossas reflexões buscando, nas diferentes manifestações corporais da linguagem dançante da humanidade, um entendimento e uma contextualização do conteúdo da dança como objeto de estudo da cultura de movimento para a educação física.

Mediante a percepção de que a dança é um dos objetos de estudo da área – assim como são as modalidades esportivas, as lutas e as ginásticas –, identificamos a necessidade do entendimento de um corpo teórico que permita a construção de habilidades e competências para o professor contribuir, num processo pedagógico, com aprendizagens significativas aos alunos, na intenção de auxiliá-los no reconhecimento do corpo que dança em uma linguagem social.

De acordo com nosso entendimento a metodologia proposta nesta obra, os conteúdos relacionados à dança devem ser desenvolvidos por meio da exploração de seus elementos estruturantes, em um processo pedagógico contínuo que respeita as fases do desenvolvimento humano.

No trabalho com a dança, percebemos a necessidade de propor intervenções por meio de uma abordagem sistêmica, ou seja, dependente de considerações fisiológicas, maturacionais, motoras, psicológicas, ambientais e culturais, com o objetivo principal de explorar as potencialidades de comunicação e linguagem corporal do aluno.

Sem a pretensão de apresentar receitas para o ensino da dança, nossa intenção é compartilhar, principalmente com os professores de Educação Física, uma percepção construída ao longo de anos de docência universitária, fundamentada em uma proposta metodológica aliada a um corpo teórico-prático e a processos pedagógicos aplicáveis às aulas de dança.

Capítulo 1

Atividades rítmicas e expressivas na educação física

Neste capítulo, apresentaremos as atividades rítmicas e expressivas como manifestações culturais das linguagens corporais, buscando elucidar que se tratam, em essência, da arte da dança.

Além disso, abordaremos de que forma o conteúdo das atividades rítmicas e expressivas, contextualizado como objeto de estudo da educação física numa perspectiva de cultura do movimento, foi legitimado e orientado pelas diretrizes nacionais brasileiras. Nesse sentido, analisaremos as atuações observadas do profissional de educação física no trabalho com a dança, tanto no ambiente de academias quanto no escolar, bem como os aspectos referentes à sua formação inicial nos cursos de graduação.

Por fim, indicaremos as competências e habilidades básicas a serem construídas na formação do professor de Educação Física para o efetivo exercício no processo de ensino-aprendizagem da dança, alicerçados no entendimento de que toda forma de dança é composta por quatro pilares: ação corporal, espaço, tempo e intenção, denominados *elementos estruturantes da dança*.

O principal objetivo deste capítulo é levá-lo a compreender que: a dança é uma manifestação cultural de linguagem corporal a ser democratizada pelo profissional de educação física; há necessidade de uma sistematização de conteúdos para possibilidades reais de aplicação.

1.1 As concepções de atividades rítmicas e expressivas e dança

As atividades rítmicas e expressivas se constituem como manifestações culturais de diferentes ritmos, formas corporais, dinâmicas espaciais e significados expressivos específicos, como os diferentes brinquedos cantados, os folguedos ou as parlendas.

Tais práticas de expressão corporal e de comunicação entre os integrantes dos grupos que as realizam usualmente são compreendidas como simples brincadeiras para diversão, embora, na verdade, detenham um sólido e expressivo código corporal.

Uma análise histórica nos permite identificar que essas manifestações coletivas elaboradas com base na cultura popular contextualizam a ruptura das padronizações e da geometrização do movimento das danças realizadas no período da corte. Como práticas populares, elas possibilitam a criação e recriação de gestos e formas, com maior liberdade de movimento e expressões.

No que diz respeito aos brinquedos cantados, as crianças, quando estão brincando, movimentam-se com base em um direcionamento realizado por ordens rítmicas e deslocamentos espaciais, em que a melodia e as ações expressivas do brincar convergem e se diferem nas diferentes culturas regionais. Podemos citar como exemplos as cantigas *A linda rosa juvenil*, *Ciranda, cirandinha*, *Pirulito que bate-bate* e *Escravos de Jó*, que são culturalmente passadas através de gerações e enriquecem o universo infantil nos seus dizeres e ações, os quais são constantemente ressignificados.

Nesse contexto, as crianças expressam sua total corporalidade, realizando ações motoras em tempos rítmicos e em direções espaciais preestabelecidas ou recriadas pela própria arte do brincar, experimentando novas construções e aprendizagens significativas.

Nas palavras de Maffioletti (2004, p. 36), as "brincadeiras cantadas retratam nossa cultura, são sempre dinâmicas e funcionais, cumprindo o papel de satisfazer as necessidades afetivas, intelectuais, morais, sociais ou de expressão religiosa. As crianças brincam com as canções e através delas entram no universo dos códigos sociais".

Essas práticas históricas, inerentes à infância e fruto da cultura popular, constituem-se em ricos espaços educativos. Brincando em uma manifestação rítmica e expressiva, a criança consegue experimentar ações motoras e situações diversas num espaço coletivo em que é permitido errar, acertar e exercitar diferentes situações culturais, explorando com o outro (aprendizagem social) e construindo símbolos corporais expressivos que adquirem significado em sua vida.

Analisando a capacidade expressiva, as crianças, brincando de roda, talvez dancem mais do que dançarinos e bailarinos – quando se restringem a um repertório exaustivo estudado e memorizado –, uma vez que elas simplesmente dançam com sua linguagem corporal, inerente e latente no universo infantil.

Os folguedos também são manifestações dançantes de origem religiosa ou práticas culturais advindas da nossa rica e miscigenada cultura brasileira. Realizados em festas populares, apresentam características específicas e são praticados, por diferentes faixas etárias, em determinadas datas, espaços e regiões – são, portanto, carregados de simbolismo. Como exemplos, podemos citar o Bumba meu Boi, a Congada e a Folia de Reis, manifestações da cultura popular que vão sendo modificadas com o passar dos anos, com a incorporação de movimentos, adereços e figurinos que, na verdade, retratam a linguagem dançante ou as expressões que foram significativas em diferentes épocas.

Segundo Vieira (2010, p. 20), "as experiências propriamente estéticas dos folguedos permitem aos sujeitos a atribuição de um significado totalizante, em suas dimensões de prazer e bem-estar num tempo e espaço próprios".

A possibilidade de vivenciar diferentes práticas rítmicas e expressivas permite o entendimento das histórias e dos simbolismos que elas carregam. Além disso, desperta a capacidade de criação dos indivíduos, ressignificando, sob o olhar da atualidade, as linguagens que tais práticas carregam consigo.

Para tanto, é necessário que o profissional tenha o completo entendimento das linguagens corporais descritas nos seus movimentos construídos: batidas de pés, reboleios, giros, saltos, expressões faciais, mãos, tronco etc. Tais linguagens dizem respeito às origens socioculturais, bem como às características históricas e suas finalidades. Por meio delas, é possível também propor discussões para novas contextualizações em que tais linguagens são utilizadas. Nessa perspectiva, uma roda de ciranda pode ser reproduzida e ressignificada por meio de símbolos culturais mais atuais e significativos para as novas gerações.

Sob essa ótica, conceituaremos a dança. Afinal, o que é dança? De acordo com Turner e Crad (2014, p. 333), a "dança é uma linguagem natural por meio da qual os seres humanos transmitem significados com *performances* organizadas, tipicamente acompanhadas por música e fantasias. A dança ocorre numa miríade de formas e com múltiplas funções".

> ### Importante!
>
> As atividades rítmicas e expressivas se inter-relacionam ao significado da dança, ao passo que, primariamente, todas as manifestações culturais recém-descritas se caracterizam como linguagem corporal, dentro de suas especificidades, tempos e espaços, que visa à intenção comunicativa do ser humano com o ambiente social. Uma roda de ciranda, o maculelê, o balé e o *jazz* contemporâneo contêm os mesmos elementos estruturantes e podem se tornar riquíssimas produções coreográficas.
>
> A compreensão é a seguinte: se falamos em criação corporal marcada por movimentos, ritmos e espaços, nas mais diferentes esferas, estamos nos referindo à dança. Assim, ela é, ao mesmo tempo, linguagem e comunicação corporal em todas as suas instâncias.

Discutindo sobre os aspectos performáticos, dentro das multiplicidades de formas apreciadas nas produções em dança, tanto em grupos amadores quanto em companhias profissionais, a dança, genuinamente em sua arte, tem no corpo o melhor instrumento de comunicação com o mundo.

Para tanto, o estudo, a prática, a vivência e o treino corporal tornam-se de extrema relevância para sua realização nas mais diferentes modalidade e estilos. De acordo com Batalha e Xarez (1999, p. 78), em "sua generalidade ao pretender impressionar artisticamente [a dança] passa pelas seguintes funções: criar intencionalmente, comunicar expressivamente e observar contemplativamente".

As práticas rítmicas e expressivas – seja as da infância, realizadas com brincadeiras e/ou folguedos de festas populares, seja as academicamente praticadas em modalidades e estilos de dança – são exercícios corporais que, com suas especificidades, constituem-se na essência da construção de um corpo expressivo, tanto no reconhecimento das possibilidades de comunicação corporal do indivíduo no seu cotidiano quanto na sistematização performática dos grupos/das companhias de dança, com produções de comunicação do corpo com a sociedade.

Sintetizando essa discussão, os conceitos de **atividades rítmicas e expressivas** e de **dança** podem convergir como ações motoras intencionais que utilizam dimensões temporais e espaciais, para a expressão corporal do ser humano, como práticas úteis tanto ao aprimoramento interpessoal quanto ao potencial comunicativo social.

Tendo em vista a importância da exploração deste conteúdo, abordaremos, a seguir, as legislações e diretrizes que legitimam seu desenvolvimento para os profissionais de educação física.

1.2 A legitimação da dança na educação física

Legitimar o conteúdo de atividades rítmicas e expressivas/de dança como objeto de estudo e atuação dos profissionais de educação física é algo que se faz necessário, em decorrência de um distanciamento de tal conteúdo com relação ao universo da dança, que, consequentemente, se reflete nas práticas desses profissionais.

Nosso objetivo é que o professor de Educação Física reconheça a dança como um conteúdo pertinente à sua área de atuação, assim como as outras manifestações da cultura de movimento.

Para tanto, abordaremos: a Lei de Diretrizes e Bases (LDB)[1], que caracteriza as bases nacionais de educação; as Diretrizes Curriculares Nacionais (DCNs)[2] do curso de graduação em Educação Física, que dizem respeito à formação inicial; as

---

[1] Lei n. 9.394, de 20 de dezembro de 1996 (Brasil, 1996).
[2] Resolução n. 7, de 31 de março de 2004, do Conselho Nacional de Educação – CNE (Brasil, 2004).

orientações dos Parâmetros Curriculares Nacionais (PCNs) de Educação Física e Arte (Brasil, 1997a; 1997b) e o Referencial Curricular Nacional para a Educação Infantil (RCNEI) (Brasil, 1998b), que se referem ao trato do conteúdo nas diversas fases de escolarização; e o posicionamento dos conselhos de classe, que legitima o profissional de educação física para a atuação na área da dança.

A educação física é uma área de conhecimento cujo objeto de estudo é o movimento humano e suas interações, tendo como eixos as danças, os jogos, os esportes, as ginásticas e as lutas. Essas atividades têm como finalidades a educação, o lazer, a competição e a promoção da saúde.

Por meio da LDBEN de 1996, a dança foi legitimada como conteúdo estruturante das áreas de Arte e Educação Física, caracterizando um momento de maior interesse e pesquisa a respeito da linguagem da dança no processo educativo.

Nos aspectos de formação inicial, a habilitação do professor de Educação Física para o trabalho com a dança também está devidamente descrita nas DCNs para os cursos de graduação em Educação Física.

No art. 6º, parágrafo primeiro, dessas diretrizes, fica claro que a intervenção do profissional de educação física na sociedade: ocorre por meio das manifestações e expressões do movimento humano. Segundo o texto legal, cabe ao profissional dessa área:

Art. 6º [...]

§ 1º [...]

[...]

*– Pesquisar, conhecer, compreender, analisar, avaliar a realidade social para nela intervir acadêmica e profissionalmente, por meio das manifestações e expressões do movimento humano. Com foco nas diferentes formas e modalidades do exercício físico, da ginástica, do jogo, do esporte, da luta/arte marcial, da **dança**, visando a formação, a ampliação e*

enriquecimento cultural da sociedade para aumentar as possibilidades de adoção de um estilo de vida fisicamente ativo e saudável. (Brasil, 2004, grifo nosso)

As DCNs vigentes para a formação do profissional de educação física, tanto na modalidade de bacharelado quanto na de licenciatura, apresentam a dança como uma manifestação da expressão do movimento humano e uma modalidade de exercício físico, objetivando, respectivamente, o desenvolvimento das possibilidades de comunicação corporal na sociedade e a adoção de um estilo de vida mais ativo e saudável – o que demonstra a grande contribuição desse profissional no trabalho com a dança e a necessidade de uma formação que permita o efetivo exercício da profissão (Brasil, 2004).

É importante mencionar, também, que a dança é reconhecida como uma área do conhecimento autônoma. Apesar de uma oferta limitada de cursos, a formação para professores e artistas de dança no Brasil pode ser adquirida nos cursos superiores de Dança, nas modalidades de bacharelado e licenciatura – as profissões correlacionadas são regulamentadas pela Lei do Artista.[3]

Com a finalidade de subsidiar os profissionais de Educação Física acerca dos conteúdos e das práticas pedagógicas referentes à linguagem corporal expressiva, as orientações são apresentadas nos documentos federais brasileiros: os PCNs de Educação Física e Arte e os RCNEI.

Os PCNs de Educação Física apresentam como conteúdo de atividades rítmicas e expressivas "as manifestações da cultura corporal que têm como características comuns a intenção de expressão e comunicação mediante gestos e a presença de estímulos sonoros como referência para o movimento corporal. Trata-se das danças e brincadeiras cantadas." (Brasil, 1997b, p. 38).

O mesmo documento também indica maiores subsídios para o ensino do conteúdo da dança "no que tange aos aspectos

---

[3] Lei n. 6.533, de 24 de maio de 1978 (Brasil, 1978b).

criativos e à concepção da dança como linguagem artística." (Brasil, 1997b, p. 39).

No documento de Educação Física, o conteúdo aparece como atividade rítmica e expressiva. É descrito como dança somente nas orientações de Arte, porém, com as mesmas conceituações.

Percebemos, nas orientações dos PCNs de Educação Física um posicionamento da dança apenas como uma atividade, o que, no nosso entendimento, reflete o aporte esportivo em que tradicionalmente a área da educação física se estabelece.

Os PCNs de Arte apresentam como conteúdo as experiências motoras na dança, tendo como objetivos educacionais: "desenvolver seu olhar, fruição, sensibilidade e capacidade analítica, estabelecendo opiniões próprias. [...] compreender e incorporar a diversidade de expressões, [...] reconhecer individualidades e qualidades estéticas. Tal fruição enriquecerá sua própria criação em dança" (Brasil, 1997a, p, 50).

Quanto às práticas interventivas, os PCNs de Arte orientam também para pesquisas de movimentos significativos com investigações corpóreas desenvolvidas com base nas potencialidades dos alunos, a fim de se explorar a capacidade de criação nas diferentes fases do desenvolvimento motor. Numa perspectiva artística, tais práticas visam à consciência e construção de uma imagem corporal, tanto para o desenvolvimento pessoal quanto social dos estudantes.

> Um dos objetivos educacionais da dança é a compreensão da estrutura e do funcionamento corporal e a investigação do movimento humano. Esses conhecimentos devem ser articulados com a percepção do espaço, peso e tempo. A dança é uma forma de integração e expressão tanto individual quanto coletiva, em que o aluno exercita a atenção, a percepção, a colaboração e a solidariedade. A dança é também uma fonte de comunicação e de criação informada nas culturas. (Brasil, 1997a, p. 49)

Da mesma forma, o RCNEI tem entre seus objetivos propostos o trabalho de corpo e movimento com a criança, ressaltando a necessidade de intervenções educativas que proporcionem a descoberta e o conhecimento progressivo, a partir das fases de desenvolvimento humano, da sua potencialidade e dos limites individuais corporais motores e expressivos, de forma a desenvolver hábitos de saúde e bem-estar na cultura infantil (Brasil, 1998b).

Nas orientações didático-pedagógicas para o trabalho na Educação Infantil, sugere-se a oferta de espaços de vivências para a construção de aprendizagens expressivas de forma lúdica, considerando o ato de brincar como a linguagem da criança (Brasil, 1998b).

As propostas de atividades rítmicas e expressivas devem contemplar diferentes contextos próximos do universo da criança, seja em relação a gestos e comportamentos, seja em relação a situações cotidianas. Isso possibilita que, com a intervenção do professor, as crianças tenham a oportunidade de experimentar diversos significados expressivos dos movimentos em variados contextos.

As crianças aprendem brincando e dançando com o corpo em movimento, fazem relações e conexões com os conteúdos aprendidos no seu cotidiano cultural. Nesse sentido, é possível conceituar a dança, de acordo com Maffioletti (2004, p. 18), como "uma manifestação da cultura que se volta para poesia do movimento em sua relação com a técnica, a forma e o conteúdo, tomando por alicerce os saberes estético-expressivos, histórico-culturais e educacionais".

O trecho citado reafirma a importância do movimento como constituinte de uma linguagem que permite à criança agir e atuar sobre o ambiente, mobilizando as pessoas por meio de seu teor expressivo.

De acordo com o Conselho Federal de Educação Física (Confef), a dança é objeto de estudo da área, visto que consta na Lei n. 9.696, de 1º de setembro de 1998 (Brasil, 1998a), que regulamenta a profissão de educação física, legitimada pela Resolução n. 046/2002 do Confef, que dispõe sobre seus campos de atuação profissional.

Segundo o art. 1º de tal resolução, o "profissional de Educação Física é especialista em atividades físicas, nas suas diversas manifestações – ginásticas, exercícios físicos, desportos, jogos, lutas, capoeira, artes marciais, *danças, atividades rítmicas* [...]." (Confef, 2002, grifo nosso).

A prática da dança como atividade física *a priori*, proporciona o bem-estar e a saúde no praticante em diferentes âmbitos, como os motores, fisiológicos, sociais e culturais, bem como nos diferentes espaços onde acontecem, tais como escolas, academias, centros comunitários ou grupos de dança. Nessa perspectiva, a dança é uma competência do profissional de educação física.

Enfatizando a necessidade das diferentes intervenções a serem consideradas no grupo, o profissional de educação física deve deter o amplo conhecimento dos seguintes conteúdos referentes ao movimento: as fases de desenvolvimento humano em todos os seus aspectos; os princípios fisiológicos e cinesiológicos do movimento humano na prática; e as bases para o desenvolvimento da linguagem corporal expressiva.

Em todas as legislações vigentes no Brasil, verificamos a necessidade de o profissional de educação física deter um corpo de competências e habilidades que podem contribuir tanto para a democratização e prática da dança nas escolas quanto para o efetivo exercício, seja na preparação física, seja na atuação em grupos de dança.

A democratização da dança proporciona tanto a ampliação de possibilidades de comunicação corporal do aluno quanto a construção de um corpo cidadão saudável, com uma melhor qualidade de vida nos campos social e da saúde, uma vez que permite a vivência e a construção de códigos corporais de comunicação, somados a todos os benefícios do exercício físico sistematizado para a saúde do cidadão.

Mesmo verificando uma ambiguidade quanto ao trato dos conteúdos movimento (RCNEI), das atividades rítmicas expressivas (Educação Física) e da dança (Arte), observe que, no decorrer dos documentos, eles estão relacionados a áreas do conhecimento que apresentam orientações de aprofundamento para o campo expressivo e artístico.

As práticas de movimento corporal expressivo são assumidas legalmente, constituindo-se como um imprescindível conteúdo a ser explorado pelo profissional de educação física para o desenvolvimento e evolução da sociedade.

Uma lacuna a ser discutida é a escassez de conteúdos sólidos a serem absorvidos e apropriados na formação inicial, refletidos no trato pedagógico e formativo nas aulas de dança pelos professores de Educação Física.

Sintetizando, em todas as legislações e diretrizes vigentes brasileiras, há a compreensão de que o trabalho com a dança pertence à habilitação do profissional de educação física, bem como se trata de um conteúdo referente à linguagem corporal de suma importância para a educação, a comunicação e a evolução da sociedade.

1.3 A dança na educação física

Nesta seção, analisaremos a prática dos profissionais de educação física no trabalho com a dança, tanto no ambiente escolar como nas academias.

Faremos interlocuções com base em nossas observações advindas de pesquisas e práticas em formações iniciais e continuadas, bem como da análise das percepções dos profissionais de educação física no trato e na exploração do conteúdo dança. Tais investigações revelaram que os profissionais de educação física acreditam na importância da aplicação do conteúdo, porém, sentem dificuldade em trabalhar com a dança.

Na escola, muitas vezes, com a intenção de cumprir o conteúdo proposto, o professor de Educação Física busca temas e formas de apresentação mais prontas para serem reproduzidas, geralmente provenientes das grandes mídias, transmitidas de forma alienante. Esse conteúdo é absorvido e reproduzido apenas pelos alunos que têm maior capacidade e familiaridade com os ritmos.

Essa reprodução, aliás, não se constitui como dança, uma vez que não podemos reproduzir a expressão do corpo. Isso chega a ser preocupante, visto que é a reprodução performática que é aplaudida, dada a pouca educação em construção corporal somada a uma ação excludente, que reafirma a dança como talento ou como algo direcionado somente aos alunos que têm familiaridade com ela.

Conforme ressaltam Ehrenberg e Gallardo (2005, p. 123): "Em geral, o professor escolhe uma música, elabora uma sequência coreográfica [...] e os alunos, todos iguais, copiam a movimentação". Ou seja, tal prática pouco difere do ato de memorizar os passos transmitidos por uma mídia.

Outro ponto importante a ser abordado nesse sentido é o de que vivemos uma cultura midiática em dança, o que explica a grande influência desses meios nessa área. Por exemplo, os artistas que aparecem em grandes programas de auditório na televisão geralmente contam com um corpo de bailarino, e isso influencia as formas de expressão corporal e comportamento. Isso potencializa uma verdadeira viralização de *performances* coreográficas, embaladas por sons dançantes e prazerosos. Muitas vezes, entre os alunos que as reproduzem, o conhecimento e a prática da dança representam a própria identidade e o pertencimento a um grupo.

Tais coreografias são amplamente reproduzidas na sociedade – inclusive nas escolas –, carregadas de simbolismos e expressões culturais de um contexto. Ao imitar as danças que aparecem num videoclipe, a criança ou o jovem não sabe o que está comunicando com o corpo, construindo, muitas vezes, conhecimentos e valores inocentes ou deturpados.

Entendemos que, nessa perspectiva, cabe ao educador no ambiente escolar fazer uma reflexão sobre os conteúdos absorvidos e a possibilidade de democratização de outros, uma vez que, conforme elucidam Sborquia e Gallardo (2006, p. 105), "toda influência que a mídia exerce sobre a população só ocorre porque existe grande aceitação por parte dessa população e de nada adiantaria uma censura ou proibição, pois limitaria as pessoas a refletirem e aqui cabe o papel da escola".

Para tanto, saber o que é dança, saber dançar e apreciar essa atividade, são os pontos básicos que possibilitam ao professor propor intervenções em sua prática pedagógica para a construção de um conhecimento crítico e contextualizado. Em síntese, é preciso se apropriar verdadeiramente da *dança como linguagem corporal* para contribuir para o desenvolvimento cultural da sociedade.

Outra estratégia de abordagem da dança nas escolas é a sua realização em espetáculos de datas festivas, como festas juninas, folclóricas, celebrações gerais – como Dia das mães – e festas temáticas.

Porém, essa estratégia é limitada. Apesar de ter um conteúdo riquíssimo e abrangente, o espetáculo ou a produção final coreográfica torna-se o objetivo do trabalho, envolvendo ensaios exaustivos de movimentos reproduzidos e vazios de significados de linguagem corporal.

Outro desafio percebido nas práticas pedagógicas do professor no trabalho com a dança é referente à relação entre as possibilidades e técnicas de movimentos e a expressão e a linguagem corporal.

Sobre esse aspecto, o Coletivo de Autores[4] (1992, p. 82) ressalta estes dois extremos: "a decisão de ensinar gestos e movimentos técnicos, prejudicando a expressão espontânea, ou de imprimir no aluno um determinado pensamento/sentido/intuitivo da dança para favorecer o surgimento da expressão espontânea,

---

[4] Denominação dada aos seis autores do livro *Metodologia do ensino de Educação Física*, publicado em 1992 pela Editora Cortez, que tem se tornado uma referência importante do objeto de estudo da Educação Física escolar na perspectiva crítico-superadora.

abandonando a expressão técnica necessária". Essas duas estratégias são frágeis no entendimento da dança como linguagem corporal intencional.

No ensino da dança, observamos que a dificuldade do professor de Educação Física está situada na aplicação da técnica em paralelo ao desenvolvimento da expressão corporal, uma vez que aprimorar as possibilidades expressivas do aluno exige habilidades corporais que, necessariamente, são obtidas com o treinamento e repetição de gestos, o que é culturalmente familiar ao profissional.

Em um outro extremo, percebemos impasses nas práticas pedagógicas do professor, derivados provavelmente do despreparo e/ou desconhecimento de fundamentos técnicos e habilidades a serem construídas no processo de ensino-aprendizagem da dança para o efetivo trabalho expressivo corporal dos alunos.

Ao se depararem com conteúdos a serem explorados nas aulas de Educação Física – tais como "participação em atividades rítmicas e expressivas" (Brasil, 1997b, p. 49) ou "execução e criação de coreografias simples" (Brasil, 1997b, p. 54) –, os professores ingenuamente propõem atividades nas quais solicitam ao aluno que se expresse livremente a partir de determinada música, sem a oferta e construção de possibilidades de movimentos corporais e habilidades a serem ressignificadas em exercícios de expressão corporal.

Acreditamos que para se expressar corporalmente dentro de uma proposta de dança, o aluno deve vivenciar e apreender um repertório de habilidades corporais que permitam potencializar seu entendimento de movimento, levando-o a se expressar num corpo dançante.

Essas práticas observadas referentes ao trato da dança nas escolas acontecem, segundo Scarpato (2004, p. 70), "pela dificuldade e dúvida em como trabalhar com a dança, assim como à carência na aplicabilidade desse conteúdo nas aulas de Educação Física."

Isso também foi evidenciado por Peres, Ribeiro e Martins Junior (2001, p. 25): "os professores sentem a necessidade de maiores conhecimentos sobre os conteúdos abordados pela dança e as formas de aplicá-lo"; e por Silva et al. (2012, p. 38): "os profissionais de Educação Física Escolar ainda não se sentem preparados para desenvolvê-la em suas aulas.".

As principais dificuldades citadas pelos professores de Educação Física no ensino da dança, segundo Peres, Ribeiro e Martins Junior (2001, p. 23), são: a falta de conhecimento nessa área, a pouca afinidade com essa atividade e a falta de instalações e materiais adequados na escola.

Nas formações continuadas, com profissionais graduados, observamos que muitos não apresentam um rol básico de competências para dar aulas de dança – tanto no âmbito escolar quanto nos espaços das academias.

Quanto às academias – outro espaço de atuação do profissional de educação física –, têm sido cada vez mais frequentes as aulas precoreografadas, denominadas **aulas de dança ou ritmos**. Nessas aulas, a metodologia utilizada é a reprodução de sequências coreográficas, objetivando a *performance* dos movimentos e a queima calórica dos alunos – o que também parece ser resultado da não compreensão do conceito da dança, pois meras aulas de ginástica são amplamente divulgadas como de dança.

Percebemos, assim, que há real necessidade de os profissionais de Educação Física contarem com um verdadeiro entendimento da linguagem da dança como área do conhecimento, com conteúdos próprios a serem estudados, vivenciados e compreendidos. Assim, a dança não pode ser encarada como algo restrito ao mero entretenimento ou igualado a outros objetivos, como o trabalho de ginástica aeróbica precoreografada.

Em geral, o conteúdo da dança parece apresentar algumas fragilidades. Assim, o seu tratamento, bem como a prática metodológica utilizada pelo professor de Educação Física, parecem se diferenciar, principalmente, das vivências pessoais do professor na dança.

As propostas e práticas efetivamente realizadas em dança que se diferenciam são, geralmente, provenientes de vivências particulares. Em outras palavras, advêm de intervenções educativas que foram permitidas aos professores ou, de forma geral, são adquiridas e vivenciadas durante a infância e adolescência em academias de dança (balé, *jazz*, sapateado), clubes (ginástica artística, rítmica) ou em diferentes espaços comunitários (igrejas, salões do bairro, festas), e locais em que a linguagem da dança foi culturalmente permitida, absorvida e apreciada.

Esse fato evidencia que o distanciamento dos profissionais de educação física em relação à dança é atribuído à falta de formação e conhecimento das especificidades da modalidade.

Acerca da dificuldade em se trabalhar com o conteúdo dança, Gariba e Franzoni (2007, p. 167) apontam o seguinte: "Talvez a ausência de uma reflexão mais significativa da dança acarrete esses problemas. Esse é, sem dúvida, um dos pontos mais críticos."

Todo conhecimento construído é ricamente válido. Porém, considerando o professor de Educação Física como educador também responsável pela democratização da arte e da prática da dança como linguagem social, verificamos a necessidade da construção de um mínimo de habilidades e competências que permitam o efetivo exercício da profissão.

Em síntese, as observações levantadas e os estudos analisados apontam para a necessidade de um conhecimento teórico-prático palpável ao professor de Educação Física que possa contribuir para a democratização da arte da dança como linguagem corporal, com base num rol básico de conteúdos a serem explorados no universo da dança, seja nos grupos de dança, seja nos ambientes escolares.

1.4 A formação do profissional de educação física para a dança

Nossa trajetória no ensino de dança para as formações inicial e continuada de professores de Educação Física, nos últimos 17 anos, nos possibilita propor uma análise tanto da formação quanto do entendimento da dança pelos profissionais dessa área.

Na formação inicial, percebemos que as disciplinas voltadas para a dança são sempre abordadas nos primeiros anos da graduação. Além disso, há um quadro singular no primeiro contato dos acadêmicos com o conteúdo, tanto nos cursos de licenciatura quanto nos de bacharelado.

Entre os acadêmicos dos cursos de Educação Física, identificamos, em geral, três grupos distintos: (1) dos discentes que acreditam não ter coordenação para a dança, que apresentam vivências e repertórios motores voltados para o esporte ou para ginásticas – mais recentemente, alguns também têm se interessado em se especializar na área da saúde; (2) dos que amam a dança em razão de uma vivência anterior em escolas de dança, que buscam o curso de Educação Física para se aproximar da cultura do movimento expressivo; e (3) dos que se apropriam das propostas de trabalho apresentadas no curso e reconhecem na dança possibilidades futuras de atuação. Em síntese, há uma distância entre os estudantes de Educação Física e o universo da dança.

Na formação inicial do profissional de educação física, percebemos que a dança é possibilitada com um enfoque reduzido, com carga horária restrita a apenas um semestre (na maioria dos cursos), além de ser ofertada, muitas vezes, como disciplina optativa.

O fato de a dança ser abordada nos primeiros anos prejudica a apreensão do aluno, no sentido do desconhecimento prévio de conteúdos básicos, tais como os explorados na anatomia, na fisiologia e na cinesiologia, que são inerentes a processos pedagógicos de todas as práticas da cultura de movimento, incluindo a dança. Sob essa ótica, parece necessário repensar a dança na formação inicial do profissional de educação física.

A prática da dança nos cursos de Educação Física ainda se realiza de forma muito restrita; apesar de ter crescido nas principais universidades brasileiras, ela ainda é pouco explorada na Educação Física.

A formação inicial em Educação Física deve incluir em seus currículos estudos teórico-práticos e didático-pedagógicos da dança, a fim de suprir as necessidades dos profissionais (Gariba; Franzoni, 2007) – no sentido de construir uma base de habilidades e competências sólidas para o efetivo exercício do profissional na atuação na dança.

Na construção de habilidades e competências, observamos uma vulnerabilidade no que diz respeito à sistematização dos conteúdos desenvolvidos e explorados na dança. Talvez pelo distanciamento da dança em relação à área de Educação Física, a organização dos conteúdos e das disciplinas voltadas para atividades rítmicas e de dança parece mais frágil em comparação com conteúdos instrumentais de outras áreas, como esportes ou ginásticas, de forma a não constituir uma base sólida de possibilidades reais de aplicação.

Podemos exemplificar o tema em questão da seguinte forma: se para a aprendizagem da modalidade de voleibol temos que estudar e aprender os fundamentos técnicos básicos (toque, manchete, saque, bloqueio, recepção e ataque) e vivenciar as situações de jogo, pensamos que para a aprendizagem da dança também se faz necessário estudar e aprender fundamentos básicos que permitam iniciar os estudos e vivenciar o processo coreográfico como produto final.

Outro ponto que percebemos é o academicismo da dança, oriundo de construções históricas e culturais – por exemplo, o balé clássico como fator inerente ao professor de dança. Nessa perspectiva, o profissional de dança respeitado é o que tem formação clássica. É muito comum, inclusive, ouvir frases como "É preciso fazer aulas de balé para melhorar a técnica", independentemente de qualquer estilo ou modalidade. Dessa forma, o bailarino clássico adquire um *status quo* entre os professores de dança, pois os códigos do balé significaram a primeira forma de sistematização da dança – é inquestionável sua contribuição para o aperfeiçoamento técnico de bailarinos.

Assim, de acordo com nossas análises e com os estudos aos quais estamos recorrendo, percebemos uma lacuna na formação inicial do profissional de educação física em relação à construção de habilidades e competências para o trabalho com a dança. Essa formação inicial parece evidenciar a cultura esportiva em detrimento das outras manifestações de movimento corporal.

Sborquia e Gallardo (2006, p. 47) apontam para essa realidade, afirmando que o despreparo do profissional de educação física com a dança provém do fato de os "cursos de graduação em Educação Física enfatizarem apenas os conteúdos das modalidades esportivas na formação de futuros professores."

Essa fragilidade do trabalho com a dança também é comentada por Rangel (2002, p. 61) como "um reflexo de sua situação nos cursos de graduação em Educação Física [...], da visão que os graduandos têm a respeito da dança e, consequentemente, do enfoque que a mesma tem recebido."

Marques (2003), também se referindo ao profissional que vai atuar com a dança, ressalta que o ensino universitário nessa area não supre as necessidades do mercado, dando a entender que talvez sejam necessários mais compreensão e comprometimento por parte desses profissionais com relação a sua compreensão da dança.

O estudo de Nanni (2001) evidencia que a disciplina de dança, nos cursos de formação de professores em Educação Física, necessita estabelecer variações de cunho sociopolítico e econômico-cultural, no sentido de resgatar premissas que possibilitem a reflexão crítica, a revisão e a elaboração de ideias que possam indicar novos caminhos para a disciplina no espaço de formação do professor.

Cabe ao professor de Educação Física aprofundar seus conhecimentos e habilidades técnico-científicas, culturais e artísticas em dança, aprimorando cada vez mais seus atributos e valores como educador (Nanni, 2003).

Entendemos que, diferente dos processos pedagógicos esportistas ou de ginástica historicamente contextualizados e sistematizados, a dança é uma modalidade que transpassa os universos da Educação Física e da Arte, por ser, ao mesmo tempo, uma atividade física sistematizada, com gasto energético e exercício corporal expressivo, e uma expressão corporal artística, que envolve uma área específica do conhecimento, em que o trato com o objeto parece se confundir no sentido de que o corpo que se desloca e se expressa é o mesmo.

Ricas em autores e atores, a Educação Física e a Arte, juntas, podem desenvolver, por meio da unidade corporal, possibilidades de trabalho. Talvez a Educação Física, pelo próprio nome, careça de estudos e de uma abordagem mais sistêmica de linguagem ou de exercício de expressão corporal para todos os temas de estudo – nesta obra, especificamente a dança.

Há uma visão tecnicista de movimento corporal enraizada nas práticas pedagógicas do profissional de educação física que se sobrepõe à intenção da ação motora. Nesse sentido, a aprendizagem e a *performance* acontecem por meio de repetições isoladas e descontextualizadas do gesto técnico – práticas reproduzidas também no trato do conteúdo dança.

Nessa perspectiva, a visão equivocada de que a dança é apenas mais uma atividade física – em vez do entendimento de que é uma *arte*, uma *linguagem corporal* – distancia a percepção e a valorização da dança como manifestação corporal que representa a cultura de determinado povo ou região.

Como estamos falando em educação, entendemos que essa visão ou conceito poderia ser desmitificada e culturalmente desenvolvida por meio do trabalho real da dança na escola, numa perspectiva de democratização do conhecimento relacionado a esse tema para as diferentes faixas de escolarização, contribuindo, também, para a formação de cidadãos expressivos e atuantes na sociedade.

De acordo com Scarpato (2004, p. 70-71), "a dança deve, sim, integrar o conteúdo disciplinar da Educação Física, a partir da Educação Infantil até o Ensino Médio, devendo apresentar objetivos, procedimentos e avaliação".

Tendo em vista nossas discussões, identificamos que há uma fragilidade na formação do profissional de educação física em sua preparação para o trabalho com a dança, tanto em relação ao conceito quanto aos procedimentos didático-metodológicos para a aplicação do conteúdo, considerando-se, também, as diferenciações e especificidades a serem contempladas nos currículos para a formação de licenciados (atuantes nas escolas) e de bacharéis (atuantes nas academias, com grupos de dança). Verificamos a necessidade de um corpo teórico-prático de fundamentos em dança que forneça subsídios e ferramentas para o estudo e o desenvolvimento do trabalho.

1.5 Competências e habilidades para a atuação profissional

O universo da dança é imenso em movimentações e diferentes tempos rítmicos para expressar corporalmente sensações, valores e ideais. A dança na modernidade (*jazz*, dança de rua, dança de salão, danças populares, sapateado etc.) trouxe novas perspectivas. Cada uma dessas modalidades apresenta nomenclatura, técnica, expressões e origens que representam características específicas a serem exploradas pelo bailarino.

No contexto da dança, a prática de diferentes manifestações, como as citadas anteriormente, deve ser ressignificada num espaço de aprendizagem constante, de forma a possibilitar novas criações a partir de expressões já vivenciadas.

Nas palavras de Porpino (2018, p. 108):

> *A possibilidade de um ambiente de aprendizagem que retome continuamente a essência paradoxal do corpo bailarino e permita a criação de novos sentidos a partir da reconstrução de sentidos outrora vividos, mostra-nos que o aprendizado do dançar vai mais além do que o treinamento de exercícios específicos para a formação de um bailarino, apesar de não prescindir destes.*

Em todo esse universo de especialização do profissional para o efetivo trabalho com a dança em determinada modalidade, faz-se necessário um estudo aprofundado e a prática regular em academias específicas, seja de balé clássico, seja de tango, dança de rua ou danças populares. Cada estilo carrega consigo repertórios historicamente construídos, conceituados e desenvolvidos. Os passos e as habilidades relativas a cada um recebem nomenclaturas e exigências técnicas para sua execução.

Por outro lado, na formação inicial, a especialização do professor de Educação Física em todas as modalidades e manifestações de dança parece irreal e utópica. No nosso entendimento, essa não é a principal problemática de sua formação, e sim a percepção da dança como linguagem corporal, por meio da qual o ato de saber dançar deve partir de um rol básico de competências e habilidades construído na formação inicial e continuada do professor.

É necessária uma formação em dança para dar aulas de dança. Isso não quer dizer que o profissional precisa ser um bailarino clássico formado, mas que deve adquirir habilidades e competências para ministrar o conteúdo específico da dança de forma efetiva e, da mesma forma, reconhecer as necessidades do público com quem trabalha, tais como as características específicas de cada faixa etária. De acordo com Cunha (1992, p. 18), "é indispensável conhecer as diferentes reações psicofísicas, relativas a cada faixa etária, para atingir com êxito os objetivos que o professor [...] propôs."

Assim como outras modalidades artísticas e da cultura de movimento, a dança tem seus conteúdos próprios a serem aprendidos, experimentados, explorados e vivenciados pelo aluno. Mediante o reconhecimento do próprio corpo e das possibilidades expressivas de movimento, ele vai experimentando movimentos e formas de comunicação tanto consigo mesmo quanto com o mundo.

Importante!

Na exploração do conteúdo dança, numa perspectiva de processo de ensino-aprendizagem significativa, cabe ao professor não só considerar os conhecimentos prévios dos alunos acerca da dança, mas, também, ensinar-lhes novas formas e vivências, construindo repertórios desconhecidos que visem à elaboração do conhecimento em dança. Conforme complementa Marques (2003, p. 33), "cabe ao professor também escolher e intermediar as relações entre a dança dos alunos [...], a dança dos artistas [...] e o conhecimento em sala de aula".

As formas do movimento corporal relativas aos diferentes tipos de danças, advindas de passos, de técnicas sistematizadas de movimentos e de pesquisas de movimentos expressivos, são produções com conteúdos e mensagens corporais e devem ser compreendidas como conhecimento artístico e da cultura corporal de movimento.

Nesse sentido, cabe ao professor de dança democratizar esse conhecimento como uma experiência estética que desperte no aluno um reencontro consigo mesmo, despertando-lhe a sensibilidade, a riticidade e o potencial criativo e emancipador, contribuindo, assim, para sua comunicação e ação expressiva em sua esfera social.

A dança educa, pois, quando criamos e nos expressamos por meio do corpo dançante, interpretamos seus ritmos e suas formas; vivenciamos experiências pessoais comuns de talvez jamais experienciadas; aprendemos a relacionar nosso mundo interior com o mundo exterior, com a sociedade.

Nas palavras de Strazzacappa e Morandi (2006, p. 72), "a dança possibilita uma percepção e um aprendizado que somente são alcançados por meio do fazer-sentir que tem uma ligação direta com o corpo, que é a própria dança."

Tais discussões, segundo Gariba e Franzoni (2007, p. 168),

> apontam para o compromisso que deve ter o educador da área da educação física, assumindo uma atitude consciente na busca de uma prática pedagógica mais coerente com a realidade, buscando na dança uma oportunidade de levar o indivíduo a desenvolver sua capacidade criativa, numa descoberta pessoal de suas habilidades, contribuindo de maneira decisiva para a formação de cidadãos críticos, autônomos e conscientes de seus atos, visando a uma transformação social.

No trabalho com a dança, além do conhecimento dos conteúdos a serem aplicados, o professor deve favorecer a ampliação da concepção de movimento que cada aluno tem, valorizando suas percepções e sensações corporais de forma a trabalhar expressivamente as possibilidades de movimentos com os diferentes segmentos corporais.

Nessa perspectiva, acreditamos que para o trabalho com a dança, o profissional de educação física deve construir o **saber** (os conceitos históricos e culturais das danças); o **fazer** (a execução das habilidades); e o **apreciar** (a concepção crítica diante de sua linguagem nas diferentes esferas) de forma a iniciar um trabalho consciente, com estratégias metodológicas e pedagógicas que efetivamente permitam que o aluno saiba o que e por que dança, além de o auxiliarem no desenvolvimento de um conhecimento crítico para apreciar as múltiplas manifestações presentes no cotidiano.

O conceito histórico-cultural de dança se traduz no entendimento de que os diferentes tipos de dança são linguagens e formas de expressão da humanidade de diferentes épocas e contextos.

Cabe ao professor exercitar o pensamento crítico e reflexivo, de forma a perceber que a dança é muito mais do que memorizar coreografias numa produção de movimentos cadenciados para uma apresentação festiva ou *performance*. A dança é, pelo contrário, uma rica forma de linguagem corporal política e social, que traduz diferentes estados afetivos e de posicionamentos de grupos sobre os temas abordados. Em outros termos, ao trabalhar com a dança, expressamos com o corpo alguma mensagem.

A execução das habilidades parte do princípio de que, para dançar ou ensinar qualquer tipo de dança, é preciso *a priori* executar os movimentos ou passos. Em toda a história da humanidade, as diversas manifestações de dança já criadas vêm expressando as mais variadas formas organizacionais, plenamente sistematizadas com base em conhecimentos corpóreos expressivos que foram sendo construídos e socializados em consonância com a evolução da humanidade.

Consideramos que, primeiramente, a alfabetização do corpo que dança se faz necessária, de forma que suas possibilidades sejam reconhecidas. Observe que, na dança, os movimentos são oriundos das articulações corporais, das possíveis formas de deslocamento no espaço, do tempo rítmico que se estabelece e das intenções com que as ações se desenvolvem – tudo isso de forma integrada.

A apreciação crítica de qualquer produção artística prevê o conhecimento prévio de elementos que a constituem. Para o profissional de educação física, assim como para muitos de nós, o ato de apreciar uma coreografia pode parecer distante, provavelmente pela deficiência na democratização popular das linguagens artísticas.

Por exemplo: para apreciar uma partida de futebol e perceber se um jogador está indo bem ou mal, é preciso ter um entendimento dos fundamentos e dos sistemas táticos e técnicos do esporte, além de ser imprescindível considerar possíveis fatores que podem influenciar a partida. Assim, é seguro assumir que o fato de uma equipe marcar um gol nem sempre representa que a *performance* do time é melhor que a do adversário.

O mesmo ocorre com a dança: só podemos apreciar uma coreografia se tivermos conhecimentos prévios a respeito de composição, linguagem, fundamentos técnicos, musicalidade, utilização do espaço, sistemas de formação, expressão corporal etc. Em síntese, quanto maiores forem o conhecimento e a vivência das possibilidades de linguagem por meio do movimento corporal, maior será a construção de competências para o profissional apreciar diferentes manifestações de dança.

O entendimento dos fundamentos da dança, das ações corporais e das qualidades do movimento expressivo é elementar para a apreciação de uma produção em dança. Da mesma forma, o saber, o fazer e o apreciar são habilidades e competências essenciais para o efetivo trabalho do profissional de educação física na dança.

As discussões até aqui apresentadas parecem evidenciar a necessidade de uma sistematização do trabalho com o conteúdo dança como subsídio para os profissionais de educação física.

Sob essa ótica, a exploração da dança dentro da área de educação física deve seguir a mesma abordagem dos outros conteúdos da cultura de movimento, inicialmente propondo um campo teórico fértil que aproxime do universo da dança o profissional dessa área.

O profissional de educação física necessita de um aporte teórico em dança fundamentado para uma formação que vá além do esporte. Gariba e Franzoni (2007, p. 168) afirmam o seguinte sobre a formação em dança: "nesse contexto, esse profissional liberta-se do estereótipo de que seu único espaço de atuação são as quadras de esporte, identificando-se cada vez mais como educador."

Ressaltamos que o objetivo não é atender ao tecnicismo ainda corrente em algumas práticas pedagógicas da Educação Física, com um somatório de fundamentos básicos para a exploração do conteúdo nessa disciplina, mas possibilitar um corpo teórico-prático que represente um ponto de partida para o efetivo trabalho com a dança como linguagem corporal.

Marques (2003, p. 31) caracteriza os conteúdos específicos da dança em:

> *aspectos e estruturas do aprendizado do movimento (aspectos da coreologia, educação somática e técnica), disciplinas que contextualizem a dança (história, estética, apreciação e crítica), sociologia, antropologia, música, assim como saberes de anatomia, fisiologia e cinesiologia) e possibilidades de vivenciar a dança em si (repertórios, improvisação e composição coreográfica).*

No nosso entendimento, a sistematização dos conteúdos da dança deve partir da compreensão do seu conceito como linguagem da cultura corporal. A identificação dos elementos estruturantes da dança (ação corporal, tempo, espaço e intenção das linguagens corporais) permite a construção de possibilidades de trabalho e a aplicação dos conteúdos específicos da área, respeitando e potencializando as fases do desenvolvimento humano do aluno.

A organização dos conteúdos, assim como em qualquer outra modalidade, deve ser conduzida por uma lógica didática com relação a objetivos, procedimentos metodológicos e avaliativos, considerando o conhecimento prévio dos alunos e as construções corporais estabelecidas com o grupo.

A valorização do potencial educativo passa pelo processo de escolarização da dança, em que o profissional de educação física pode possibilitar vivências na área visando à formação de indivíduos com conhecimento de suas possibilidades corporais e expressivas, os quais devem ser socializados e sistematizados para que cada vez mais a dança ganhe visibilidade.

Esse diálogo realizado com o corpo por meio da dança permitirá, de acordo com Barros (2003, p. 29), a otimização das "possibilidades e potencialidades de movimento e a consciência corporal para atingir objetivos relacionados com a educação, expressão corporal e artística."

Acreditamos numa proposta de trabalho com a arte da dança que, além de transmitir conteúdos de técnicas e estilos (como balé, *jazz* e danças folclóricas), permita que ela seja vivenciada e explorada na compreensão da potencialidade, sensibilidade e capacidade de comunicação corporal do indivíduo, tanto em termos individuais quanto coletivos, com o objetivo de potencializar suas ações, relações e inter-relações sociais, tornando-o protagonista de um mundo mais sensível, atuante e humano.

Nessa perspectiva, apresentamos, na Figura 1.1, uma síntese de nossas percepções quanto aos conteúdos, às habilidades e às competências básicas necessárias para a formação inicial do professor de Educação Física na atuação com a dança, nas modalidades de licenciatura e bacharelado.

Figura 1.1 Quadro de habilidades e competências básicas do professor de Educação Física no trabalho com a dança

```
                    ┌─────────────────────────────┐
                    │ Habilidades e competências  │
                    └─────────────────────────────┘
        ┌──────────────────────┼──────────────────────┐
        ▼                      ▼                      ▼
  ┌───────────┐   ┌──────────────────────────┐   ┌────────────┐
  │Licenciatura│  │ • Conceito de dança      │   │Bacharelado │
  └───────────┘   │ • Legislação profissional│   └────────────┘
        │         │ • História da dança      │         │
        ▼         │ • Fundamentos da dança   │         ▼
  ┌───────────┐   │ • Ações corporais        │   ┌────────────┐
  │  Escola   │   │ • Técnicas de ampliação  │   │ Academias  │
  └───────────┘   │ • Fases do desenvolvimento│  └────────────┘
        │         │   humano                 │         │
        ▼         └──────────────────────────┘         ▼
  ┌───────────┐                                 ┌────────────┐
  │ Ênfase na │                                 │Ênfase nos  │
  │democratiz.│─────────────────────────────────│diferentes  │
  │  da arte  │                                 │estilos arte│
  └───────────┘                                 └────────────┘
                              │
                              ▼
        ┌────────────────────────────────────────────────┐
        │ Reconhecimento das potencialidades corporais   │
        │ e técnicas para o desenvolvimento de um corpo  │
        │ expressivo na sociedade                        │
        └────────────────────────────────────────────────┘
```

Acreditamos que a partir da vivência e compreensão das competências e habilidades básicas (Figura 1.1), o professor de Educação Física pode democratizar com eficiência a arte da dança calcado em uma base mais sólida e optar, de acordo com suas preferências profissionais, por especializações com formações continuadas, tanto nas esferas pedagógicas da dança quanto nos inúmeros estilos de dança.

No entendimento da dança como atividade rítmica e expressiva e como objeto de estudo da educação física, abordaremos, nos próximos capítulos, seu contexto histórico, bem como apresentaremos os fundamentos da dança como uma metodologia de ensino, de forma a contribuir com a prática do profissional de educação física.

ııı *Síntese*

Neste capítulo, apresentamos a dança como objeto de estudo da educação física numa perspectiva de cultura do movimento, bem como as legislações, orientações e diretrizes brasileiras que orientam seu conteúdo.

Abordamos, também, como os profissionais da área vêm explorando a dança em suas aulas, considerando as fragilidades e necessidades para o efetivo trabalho.

Identificamos, ainda, a necessidade de se construir competências e habilidades para o adequado exercício das profissões relacionadas ao tema. Por fim, propusemos uma sistematização de conteúdos como subsídio para a atuação do profissional na dança.

ııı *Indicações culturais*

Livros

RANGEL, N. B. C. **Dança, educação, educação física**: propostas de ensino da dança e o universo da educação física. São Paulo: Fontoura, 2002.

Nessa obra, Rangel aborda a dança sob o prisma da educação e motricidade humana voltado para a área de educação física. A autora apresenta diferentes tipos e estilos de dança, bem como a atuação do profissional tanto no campo das academias e clubes quanto nas escolas, discutindo pontos necessários para a formação profissional.

STRAZZACAPPA, M.; MORANDI, C. **Entre a arte e a docência**: a formação do artista da dança. São Paulo: Papirus, 2006.

Nessa obra, as autoras analisam a formação do profissional de dança no Brasil, considerando suas pesquisas nas áreas de arte e educação. Elas comentam técnicas corporais concretas para a formação do profissional e discutem a dança no âmbito da educação escolar.

Resoluções

BRASIL. Lei n. 9.394, de 20 de dezembro de 1996. **Diário Oficial da União**, Poder Legislativo, Brasília, DF, 23 dez. 1996. Disponível em: <http://www.planalto.gov.br/ccivil_03/leis/L9394.htm>. Acesso em: 28 nov. 2018.

BRASIL. Lei n. 9.696, de 1º de setembro de 1998. **Diário Oficial da União**, Poder Legislativo, Brasília, DF, 2 set. 1998. Disponível em: <http://www.planalto.gov.br/ccivil_03/leis/L9696.htm>. Acesso em: 28 nov. 2018.

BRASIL. Ministério da Educação. Conselho Nacional de Educação. Câmara de Educação Superior. Resolução n. 7, de 31 de março 2004. **Diário Oficial da União**, Brasília, DF, 5 abr. 2004. Disponível em: <http://portal.mec.gov.br/cne/arquivos/pdf/ces0704edfisica.pdf>. Acesso em: 28 nov. 2018.

BRASIL. Ministério da Educação. Secretaria de Educação Fundamental. **Parâmetros Curriculares Nacionais**: Arte. Brasília, 1997. Disponível em: <http://portal.mec.gov.br/seb/arquivos/pdf/livro06.pdf>. Acesso em: 28 nov. 2018.

BRASIL. Ministério da Educação. Secretaria de Educação Fundamental. **Parâmetros Curriculares Nacionais**: Educação Física. Brasília, 1997. Disponível em: <http://portal.mec.gov.br/seb/arquivos/pdf/livro07.pdf>. Acesso em: 28 nov. 2018.

BRASIL. Ministério da Educação e do Desporto. Secretaria de Educação Fundamental. **Referencial Curricular Nacional para a Educação Infantil**. Brasília, 1998.

O entendimento das resoluções que norteiam a atuação do profissional de educação física para o trabalho com a dança é imprescindível para a legitimação do tema como objeto de estudo e de intervenção na sociedade.

▪ *Atividades de autoavaliação*

1. No trabalho com a dança, observamos que, em geral, o professor escolhe uma música e elabora uma sequência coreográfica. Então, os alunos copiam a movimentação. Com base no conteúdo deste capítulo, assinale a alternativa correta:

a) Essa é uma prática eficiente na dança, pois a aprendizagem e a memorização da sequência coreográfica possibilitam o aumento do repertório corporal expressivo do aluno.

b) Trata-se de uma intervenção positiva, pois o professor tem a autonomia de selecionar as temáticas a serem desenvolvidas, bem como todo o processo coreográfico a ser realizado pelos alunos que atingirem a *performance* das técnicas propostas, otimizando o tempo destinado ao trabalho.

c) É um procedimento negativo na dança, pois a cópia e reprodução da sequência coreográfica como único método a ser utilizado pelo professor impossibilita o efetivo exercício do potencial expressivo e criativo da linguagem corporal.

d) É uma prática positiva na dança, pois as inferências, além de evidenciarem talentos, possibilitam o aumento do repertório corporal de movimentos do aluno.

e) Nenhuma das alternativas anteriores está correta.

2. Tendo em vista a afirmação a seguir, marque a alternativa correta:

> Na dança, observamos que uma das fragilidades encontradas pelo professor é o equilíbrio entre o ensino de novas habilidades e a aprendizagem de passos – em que o treino é necessário – e a oferta de espaços nos quais o movimento é pesquisado e vivenciado de forma reflexiva em suas possibilidades.

O trecho em destaque fala sobre a necessidade de o professor equalizar em suas aulas o trabalho com:

a) técnica e expressão corporal.
b) memorização coreográfica e técnicas de alongamento e relaxamento.
c) linguagem corporal e organização espaçotemporal.
d) reprodução coreográfica e técnicas alternativas corporais.
e) todas as afirmações anteriores estão corretas.

3. Indique se as afirmações a seguir são verdadeiras (V) ou falsas (F):

( ) Para desenvolver o trabalho com a dança, o profissional deve ter conhecimento das fases do desenvolvimento humano, dos princípios fisiológicos e cinesiológicos do movimento humano, bem como deve apresentar as bases necessárias para o desenvolvimento da linguagem corporal expressiva.

( ) O ensino-aprendizagem da dança para as crianças deve possibilitar a descoberta e o conhecimento corporal de forma progressiva, a partir das fases do desenvolvimento humano.

( ) O ensino-aprendizagem da dança para as crianças deve oferecer espaços amplos, porém, sem intervenções educativas, uma vez que a dança é inerente à linguagem infantil e que a criança aprende brincando.

( ) Brincando de dançar, as crianças aprendem formas e treinam suas capacidades, bem como percebem suas limitações individuais corporais expressivas, contribuindo para seu autoconhecimento corporal nas diferentes formas de comunicação com o mundo.

( ) Para a atuação do profissional de educação física e seu efetivo trabalho com a dança em determinado estilo, não é necessário um estudo aprofundado, tampouco uma prática regular em escolas específicas, já que, independentemente do estilo, as habilidades básicas não se diferem.

Agora, assinale a alternativa que corresponde à sequência correta:

a) F, V, V, F, V.
b) V, F, V, F, V.
c) F, V, F, V, F.
d) V, V, F, V, F.
e) F, F, V, F, V.

4. Assinale a alternativa que identifica corretamente o conceito da dança:
   a) Linguagem corporal e importante conteúdo a ser desenvolvido para a educação, comunicação e evolução da sociedade.
   b) Linguagem corporal e importante conteúdo a ser desenvolvido apenas para o entretenimento da sociedade.
   c) Modalidade de exercício físico a ser explorada pelo professor na busca da saúde dos alunos.
   d) Linguagem corporal e modalidade de exercício que presume habilidades inatas para sua prática.
   e) Todas as afirmações anteriores estão corretas.

5. Indique se as afirmações a seguir são verdadeiras (V) ou falsas (F):
   ( ) As diretrizes e legislações nacionais contemplam a dança como linguagem expressiva corporal e exercício físico, que deve mutuamente desenvolver tanto as possibilidades de comunicação do corpo na sociedade quanto promover a adoção de um estilo de vida mais ativo e saudável.
   ( ) As brincadeiras cantadas, os folguedos e as parlendas são manifestações culturais construídas pela humanidade apenas para a diversão e o entretenimento, ou seja, não apresentam aspectos educativos.
   ( ) A vivência de diferentes práticas rítmicas e expressivas permite o entendimento das histórias e dos simbolismos que elas carregam, despertando, assim, a capacidade de criação do praticante mediante o contexto por ele vivido.
   ( ) As diferentes manifestações de dança, desde o maculelê até os espetáculos de *jazz*, têm como forma autêntica de arte o corpo como melhor forma de dialogar com o mundo.
   ( ) Os fundamentos da dança se caracterizam por representar uma metodologia de ensino da dança voltada para profissionais de educação física.

Agora, assinale a alternativa que corresponde à sequência correta:

a) F, V, F, V, F.
b) V, F, V, V, V.
c) F, F, V, F, V.
d) V, F, F, V, F.
e) F, V, V, F, V.

■ Atividades de aprendizagem

Questões para reflexão

1. Lembre-se de uma dança que você já tenha realizado na infância e que deixou uma lembrança significativa. Analise as possíveis razões que fizeram com que essa recordação tenha ficado gravada em sua memória. Discuta sua experiência com seus pares.

2. Identifique nos últimos cinco anos o número de espetáculos de dança a que você assistiu e anote suas impressões sobre as produções apreciadas. Em seguida, pergunte a outros profissionais de educação física a quantos espetáculos eles assistiram nos últimos anos e reflita sobre as respostas deles, comparando-as com suas anotações.

Atividade aplicada: prática

3. Entreviste, no mínimo, quatro professores de Educação Física, sendo dois de licenciatura e dois de bacharelado, sobre a aplicação (ou não) da dança em suas carreiras profissionais. Com base nos resultados obtidos e dos conteúdos discutidos no capítulo, redija um texto de, pelo menos, 20 linhas identificando como a dança tem sido apreciada pelos profissionais da área tanto na licenciatura quanto no bacharelado, observando a necessidade de formação dos professores para o trabalho.

Capítulo 2

A dança como linguagem corporal na história da humanidade

A dança é a linguagem escondida da alma.

Martha Graham

Neste capítulo, abordaremos a dança como linguagem humana. Mediante movimentos realizados em ritmos diversos, o homem, ao longo da história, vem se comunicando por meio de seu corpo, expressando valores, sentimentos, conceitos e formas de compreender o mundo.

Partiremos de uma linha do tempo (Figura 2.1) para desenvolver o tema deste capítulo. Assim, identificaremos as principais características da dança em diferentes períodos, refletindo as transformações de ordem cultural e social e as condições de vida do homem na história, desde as civilizações primitivas até os tempos atuais. Ainda, demonstraremos de que forma a dança brasileira foi constituída, considerando as construções e desconstruções da linguagem da dança a partir dos povos que criaram suas matizes.

O principal objetivo deste capítulo é levá-lo a compreender que a dança é uma linguagem corporal, e que é mediante o movimento do corpo que a história se faz. Por meio dela, o profissional de educação física pode potencializar a capacidade de linguagem e ação do corpo cidadão no curso de sua história.

Figura 2.1 Linha do tempo da história da dança

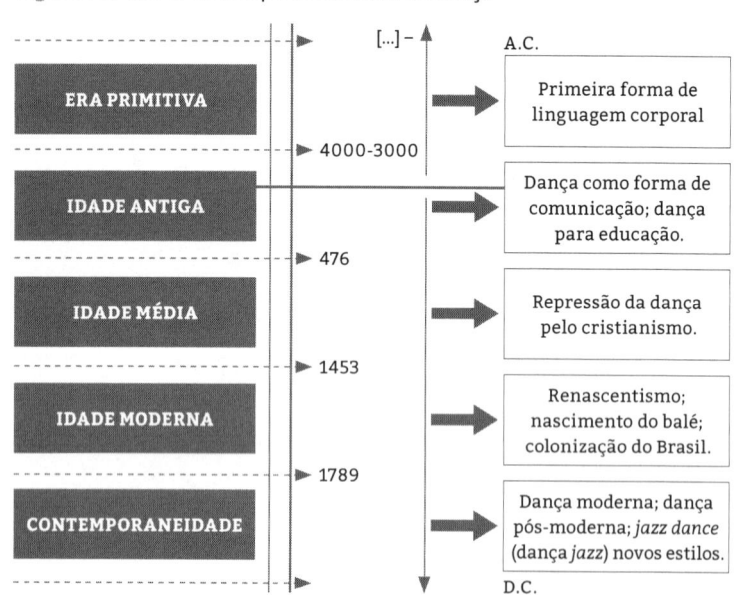

Período	Marco temporal	Características
ERA PRIMITIVA	[...] – A.C.	Primeira forma de linguagem corporal
IDADE ANTIGA	4000-3000	Dança como forma de comunicação; dança para educação.
IDADE MÉDIA	476	Repressão da dança pelo cristianismo.
IDADE MODERNA	1453	Renascentismo; nascimento do balé; colonização do Brasil.
CONTEMPORANEIDADE	1789 – D.C.	Dança moderna; dança pós-moderna; *jazz dance* (dança *jazz*) novos estilos.

2.1 A dança primitiva

A Era Primitiva é o período caracterizado pelas ciências antropológicas e históricas que abrange desde o surgimento da vida na Terra até o desenvolvimento da escrita, que ocorreu por volta de 4000 a.C.

Tão antiga quanto a própria vida humana, a dança foi uma das primeiras formas de expressão artística do homem e nasceu das expressões e emoções sentidas em relação à natureza. Isso é evidenciado pela etimologia da palavra *dança*. Segundo Garaudy (1980, p. 14), o termo *dança*, "em todas as línguas europeias – *danza, dance, tanz* –, deriva da raiz *tan* que, em sânscrito, significa 'tensão'. Dançar é vivenciar e exprimir, com o máximo de intensidade, a relação do homem com a natureza, com a sociedade, com o futuro e com seus deuses".

A antropologia acredita que a dança exerceu um papel importante na vida do homem primitivo. No período evolutivo, as primeiras danças eram individuais e estavam relacionadas ao nomadismo do homem, cuja expressão de movimentos servia para garantir sua sobrevivência em meio às hostilidades impostas pela natureza.

Na crença de que o semelhante atrairia o semelhante por meio da imitação de animais e fenômenos da natureza ou pela conquistas de parceiras, o homem dançou para satisfazer às suas necessidades mais imediatas: alimento, condição climática e acasalamento.

Aos poucos, o homem deixou de ser nômade e começou a ser social. Assim, surgiram as danças coletivas, realizadas em rodas ou colunas, com contato físico (de mãos dadas), caracterizando a organização do grupo. Tais danças tinham a função de atrair forças superiores para a obtenção de êxito nas guerras e na caça, bem como para atrair a chuva ou garantir prosperidade na colheita.

De forma individual ou coletiva, a dança primitiva era como uma mágica por meio da qual o homem se comunicava com a natureza, na crença de que suas representações exerciam influências sobre o mundo que o rodeava. De acordo com Tavares (2005, p. 93), há "indícios de que o homem dança desde os tempos mais remotos. Todos os povos, em todas as épocas e lugares, dançaram. Dançaram para expressar revolta ou amor, reverenciar ou afastar deuses, mostrar força ou arrependimento, rezar, conquistar, distrair, enfim, viver!"

Por meio de estudos arqueológicos, da análise de pinturas e de figuras encontradas em cavernas e rochas, foi possível documentar os movimentos de dança ligados a rituais primitivos religiosos.

> A arqueologia, maravilhosa ciência que tanto esclareceu e continua a esclarecer [...] nosso passado próximo ou longínquo, ao traduzir a escrita de povos hoje desaparecidos, não deixa de indicar a existência da dança como parte integrante de cerimônias religiosas, parecendo correto afirmar-se que a dança nasceu da religião, se é que não nasceu junto com ela. (Faro, 1986, p. 13)

É interessante observar que essas pinturas foram encontradas nas mais variadas regiões, como França, Espanha, Itália e África do Sul. Nesse sentido, conforme elucida Ribas (1959, p. 26), a dança

> aparece registrada nos mais antigos testemunhos gráficos da pré-história, documentos que datam da última época glacial, dez a quinze anos antes da nossa era e podem ser observados nas cavernas pré-históricas do Levante espanhol – Alpera (Valência) e Cogull (Lérida) – e são semelhantes a outros documentos pré-históricos relativos à Dança encontrados na África do Sul (Rodésia e Orange) e na França (Solutrais e Dourdogne). Tais pinturas rupestres levam-nos a crer que o homem primitivo executava danças coletivas nas quais predominavam os movimentos convulsivos e desordenados.

As características semelhantes dessas imagens encontradas nos sítios arqueológicos em diferentes regiões do mundo sugerem que a humanidade tem um fundo cultural comum, bem como a dança como a **primeira manifestação de linguagem humana**.

2.2 A dança na Idade Antiga

A Idade Antiga (ou Antiguidade) corresponde ao longo período entre a invenção da escrita – em torno de 4000 a.C. – e a invasão do Império Romano Ocidental pelos bárbaros, em 476 d.C.

Com o desenvolvimento da agricultura pelos camponeses, três civilizações tiveram grande representatividade na história: a **egípcia**, uma das primeiras civilizações; a **grega**, em que a dança atingiu seu ápice; e a **romana**, que iniciou um processo de desvalorização e posterior repressão da prática de dança.

Em torno de 3000 a.C. a 150 a.C., a civilização egípcia se aglutinou ao longo do Rio Nilo, com a unificação política do Alto e Baixo Egito sob a regência do primeiro faraó, Menes.

No Antigo Egito, a dança era ritualística e sagrada. O homem dançava na crença de que isso interviria sobre os fenômenos da natureza, conforme atesta Garaudy (1980, p. 14):

> quando a noite chegava ao final e, com a madrugada, se apagavam os astros cuja dança celeste era a própria imagem da ordem da natureza, o homem, angustiado por não mais perceber esta imagem, entrava em cena para manter a ordem celeste, imitando-a: começava então a dança da estrela da manhã, com suas rondas; e este balé simbólico, contemporâneo do nascimento da astronomia, ensinava aos filhos do homem, pelo movimento figurado dos planetas, as leis que regiam o ciclo harmonioso dos dias e das estações, as leis que permitiam prever e portanto controlar as cheias do Nilo.

O trecho citado de Garaudy revela a importância da dança para as primeiras civilizações, exercida como um exercício de entendimento dos ritmos naturais. Dançando intencionalmente, o homem compreendeu o ritmo das estações do ano para o cultivo da agricultura.

Outra civilização antiga de grande representatividade para a dança foi a grega. Para os gregos, a dança tinha essência religiosa, era dom dos imortais e um meio de comunicação com eles. O homem grego não separava o corpo do espírito e acreditava que o equilíbrio entre ambos lhe proporcionaria conhecimento e sabedoria (Magalhães, 2005). Foi na Grécia, portanto, o grande apogeu da dança da Antiguidade.

Importante!

A dança como linguagem expressa a visão de mundo dos seres humanos. Dessa forma, por viver num tempo em que não havia racionalidade científica, os gregos atribuíam explicações mitológicas para os acontecimentos e fenômenos da natureza, por meio dos quais deuses e semideuses influenciavam diretamente seu cotidiano, tanto em cerimônias religiosas ou civis quanto em festas e, até mesmo, na educação das crianças até o treinamento militar.

Os **valores educacionais da dança** na Grécia Antiga foram reconhecidos por grandes filósofos, como Sócrates, Platão e Pitágoras, de forma que ela ganhou espaço na educação, tanto para a melhora nas formas físicas e saudáveis quanto para o pensamento filosófico.

Platão considerou a dança como uma atividade que preparava fisicamente os guerreiros e formava o cidadão por completo. Segundo sua concepção, "o homem bem educado tem a capacidade tanto de cantar quanto de dançar bem." (Platão, citado por Paviani, 2011, p. 4).

A religião politeísta grega agregava explicações tanto para os fenômenos da natureza (como para explicar as formas de mares, céus, ventos e vegetação) quanto para os comportamentos da vida humana (beleza, força, riqueza, amor e sabedoria), na intenção de orientar o comportamento humano.

Para os gregos, os deuses eram imortais, porém, detinham características humanas que comandavam suas relações sociais e políticas. Observe que isso, para a história da dança, representou uma transição da idolatria da força da natureza para a força humana. Ao mesmo tempo, a dança ritual, aos poucos, tornou-se fonte de entretenimento e voltou-se para o teatro.

A dança era presença constante na sociedade grega. Nas ocasiões festivas, a dança servia para a alegria dos homens; na hora do culto, era um meio para agradar uma divindade e atingir bons resultados na vida material; na educação dos jovens meninos de Atenas e Esparta, foi relacionada ao uso das armas. Além disso, a dança também se fez presente nos esportes, bem como nos teatros, em que os dançarinos narravam o enredo das pantomimas que encenavam.

Quanto às formas utilizadas nas danças na Grécia Antiga, observamos nos registros encontrados pelos historiadores a utilização da mímica e da expressão corporal com ênfase nos membros superiores. Segundo Bourcier (2001, p. 39), eram realizados gestos miméticos, denominados *schemata*, e movimentos expressivos, chamados *phorai*.

Percebemos, assim, a existência tanto de códigos preestabelecidos, como a realização de cópias de movimentos denominados *memes*[1], quanto de signos expressivos, carregados de significados referentes aos movimentos que caracterizam a prática da dança na Antiguidade.

Podemos verificar a riqueza da dança grega nos seus diferentes contextos: religioso, material, educativo e de entretenimento. Os movimentos eram realizados com base no que significavam, e não somente pela execução muscular. Esse é o **princípio que caracteriza a dança como linguagem.**

---

[1] O termo dado pelo etnólogo Richard Dawkins (1976) refere-se aos saberes culturais reproduzidos a partir da imitação.

A técnica da dança dos gregos pode ser encontrada em textos de autores antigos, figuras gravadas em vasos e escritos de filósofos da época, entre outros meios.

De acordo com Bourcier (2001, p. 38), os gregos costumavam dançar na meia-ponta ou na ponta do pé, e havia, ainda, uma posição comum: um pé colocado atrás da articulação do joelho. Buscava-se, assim, a harmonia e simetria nos movimentos.

Observe que, respectivamente, a posição de meia-ponta pode ser um *relevé*[2], e a posição das pernas caracteriza o *passé*[3], o que nos faz identificar a incorporação de elementos da dança ao longo da história da humanidade. Tais movimentos da dança grega foram absorvidos pelo balé de corte e, mais tarde, pela técnica clássica, na harmonia de movimentos.

Preste atenção!

É interessante ressaltar que foi na Grécia Antiga, na cidade de Olímpia, em 776 a.C., que surgiram os Jogos Olímpicos, em homenagem aos deuses. Essa pode ser uma temática interessante para o professor de Educação Física abordar nas aulas de dança.

Semelhante aos gregos, na Idade Antiga, os romanos seguiram a religião politeísta (crença em vários deuses), porém, com a influência de elementos religiosos de outras regiões da Península Itálica.

Em Roma, cuja população era formada basicamente por soldados, as danças guerreiras eram as mais praticadas. Segundo Faro (1986), antes de cada batalha, os soldados romanos dançavam para Marte, o deus da guerra.

Nesse momento da história da dança, na época do chamado *Baixo Império*, em Roma, os espetáculos de lutas se tornaram o

---

[2] Movimento sistematizado pelo balé clássico caracterizado pela elevação do corpo com as pernas estendidas em ponta ou meia-ponta.

[3] Movimento sistematizado pelo balé clássico no qual o pé da perna em movimento se projeta atrás do joelho da perna de apoio.

centro das atenções, e a dança passou a ser representada pela violência sádica do teatro e pela obscenidade da pantomima (Garaudy, 1980).

A dança era desprezada e incompatível com o pensamento de mundo do povo conquistador. Dessa forma, ela foi degradada aos poucos, assim como outras artes que valorizam a reflexão, a expressão e a comunicação humana, como a poesia, a filosofia e a escultura. O prestígio romano foi direcionado para a força física e para as lutas de gladiadores e animais ferozes nas arenas.

2.3 A dança na Idade Média e na Idade Moderna

2.3.1 A repressão da dança na Idade Média

A Idade Média é o período que data da queda do Império Romano do Ocidente (476 d.C.) até a queda do Império Romano do Oriente (1453), que resulta na retomada do comércio e do crescimento urbano.

O período medieval se caracterizou pelo total poder da Igreja Católica sobre a sociedade hierarquizada e organizada pelo feudalismo, um sistema político, social e econômico restrito à progressão social por meio da economia rural, em que a fome, as pestes e as guerras foram constantes. No sistema feudal, as classes sociais eram divididas em: nobreza feudal, clero, nobres guerreiros e servos camponeses.

O cristianismo passou a ser considerado a religião oficial do Império Romano, dando início à crença em um só Deus. A Igreja procurava legitimar o modo de agir da aristocracia, afirmando que Deus tinha distribuído tarefas específicas a cada homem.

A Igreja, que dominava o cenário religioso e era detentora do poder espiritual, influenciava o modo de pensar e os comportamentos do povo. Logicamente, o mesmo ocorria quanto à dança.

Assim como repressão das classes mais baixas pelos senhores feudais, a dança como forma de expressão também foi repreendida pela Igreja. Conforme observa Garaudy (1980), a partir do século IV, com os imperadores romanos cristãos, a dança passou a ser condenada, e até mesmo o batismo era recusado para os que atuavam no circo ou em pantomimas.

Por não aceitar outras crenças, a Igreja Católica medieval proibiu a dança sagrada (e politeísta) da Antiguidade, denominada *dança profana*. Passaram a ser aceitas apenas as danças que acompanhavam os salmos litúrgicos.

Banida da liturgia a partir do século XII, e mesmo com toda a repressão da Igreja, a dança continuou a ser praticada nas camadas populares. Segundo Bourcier (2001, p. 44), nesse período, sobreviveram as danças denominadas *macabras* e as consideradas profanas, praticadas pelos camponeses em ocasiões não religiosas, nas comemorações e em momentos de festa, representando a alegria e a comunhão. Entre essas danças, estavam a carola e o *tripudium*.

Preste atenção!

Dançada pelos camponeses, a carola era realizada em rodas de mãos dadas.

O *tripudium*, por sua vez, era dançado em três tempos, ao som de cantos gregorianos e tamborins, e os participantes não se tocavam.

As danças macabras, da morte ou contra a morte, eram realizadas em épocas de fome, guerras e peste negra. Caracterizavam-se por movimentos de transe e possessão por meio de danças convulsivas, em que se expressavam os sentimentos de tristeza e abatimento vividos pelos povos.

Nessa perspectiva, foram as classes populares que mantiveram a tradição e preservaram a dança como linguagem, em oposição ao poder representado pela sociedade oficial da Igreja. Historicamente, portanto, a dança foi preservada pelos guetos.

2.3.2 A revalorização da dança na Idade Moderna

A Idade Moderna ficou marcada como o período que abrange da invasão de Constantinopla, no século XV, até a Revolução Francesa (1789-1799), no século XVIII.

Um fator histórico relevante dessa época foi a Reforma Protestante, um movimento religioso iniciado no século XVI, por Martinho Lutero, que dividiu a religião cristã entre católicos e protestantes. Assim, a Igreja perdeu força política para a nobreza.

Com uma visão de mundo governada pelo pensamento científico da natureza como uma máquina perfeita e por leis matemáticas exatas (como as de Bacon, Copérnico, Galileu, Newton e Descartes), a alma medieval sagrada perdeu seu conceito como força vital, que dava vida e movimento, e o corpo se tornou uma máquina que age em função de estímulos externos.

Esse período trouxe consigo a visão de **corpo-máquina**, substituindo o sistema econômico feudal pela produção capitalista, o que se refletiu também na expressão corporal humana.

A valorização da ciência em detrimento das metáforas do mundo dos filósofos da Antiguidade trouxe para a dança a busca pela perfeição das formas nos movimentos corporais. Nesse contexto, nasceu a dança erudita nas camadas mais privilegiadas, composta por métricas musicais e novas formas de organizar o movimento.

No início da Idade Moderna, entre os séculos XV e XVI, o período chamado de *Renascimento* abriu espaço para a arte. De acordo com Garaudy (2008, p. 29), a expressão do corpo na dança foi recuperada "quando surgiu uma nova atitude em relação ao dualismo cristão, e os valores mundanos do corpo foram novamente exaltados."

Esse período foi caracterizado pelo retorno das atividades artísticas e pelo desenvolvimento cultural na Europa. Assim como ocorreu com outras artes, a dança tornou-se símbolo de riqueza e poder e passou a ser apreciada pela nobreza, o que fortaleceu seu aspecto social. Aliás, a dança em pares teve origem nos bailes das cortes reais, tomando forma na corte do Rei Luís XIV, na França.

A dança passou do domínio popular para o poder; de mera atividade lúdica, para uma forma mais disciplinada. Nesse contexto, surgiram repertórios de movimentos estilizados.

Preste atenção!

No século XV, na Itália, o balé nasceu do cerimonial da corte e dos divertimentos da aristocracia, espalhando-se por toda a Europa. Já no século XVII, ele ganhou os palcos, contexto em que foram realizados os primeiros espetáculos de dança.

Na busca de uma explicação racional para o mundo e para melhores condições existenciais do homem, surgiu, no século XVIII, o Iluminismo, um movimento de filósofos (como Descartes, Newton, Locke, Voltaire, Montesquieu, Rousseau e D'Alembert), caracterizado pela busca da razão no comportamento humano.

Como linguagem corporal, nesse pensamento mecanicista de mundo, em 1700, o balé foi codificado por Charles-Louis-Pierre de Beauchamps, traduzindo-se na primeira forma de sistematização da dança. O balé foi, então, levado ao academicismo pelas camadas da nobreza – e, mais tarde, ele se tornaria a base para ensinar e aprender qualquer outra dança.

Das codificações do balé clássico, foram criados 460 passos, entre eles: *pliés*, *élevés*, *tombés* e *glissés*, além de giros, cadências e figuras do corpo e da exploração dos eixos perpendiculares frontal, dorsal e lateral, com as chamadas posições *em dehors* (para fora), para que o artista nunca se coloque de costas para o público.

Executada, a partir do século XVIII, por profissionais de ambos os sexos, a dança adquiriu cenário e figurino próprios, expressando um enredo com começo, meio e fim.

Nessa perspectiva, a dança passou a ser valorizada pela técnica e *performance* de movimentos codificados e treinados. O bailarino da aristocracia se destacava, e a técnica e a mecânica de movimentos se sobrepunham à expressão corporal.

A dança, nesse contexto, era quase mecânica, guiada pela visão de mundo do pensamento científico da natureza como máquina perfeita – talvez, fosse outra forma de conter a linguagem social.

2.4 A dança na Contemporaneidade

A Contemporaneidade representa o período da história ocidental iniciado com a Revolução Francesa, em 1789, e é caracterizado pela consolidação do capitalismo e por uma nova visão de mundo.

A sociedade do século XIX buscou algo a mais que a reprodução nas suas diferentes esferas. A necessidade de expressão passou a ser latente, assim como a possibilidades de novas formas de organizações sociais, pensamentos e valores.

Da mesma forma, a dança moderna surgiu no final do século XIX como uma negação da formalidade do balé, passando a procurar métodos que conferissem ao corpo os meios de expressar sentimentos e ideias por meio de novas experiências de vida.

> **Preste atenção!**

Na segunda metade do século XIX, uma mulher revolucionou toda a dança: Isadora Duncan (1878-1927). Ela provocou uma imensa renovação com sua dança mais livre e solta, ligada à vida real. Nascia, assim, a **dança moderna**.

Figura 2.2 Isadora Duncan

Album/Fine Art Images/Fotoarena

Contestando o rigor do balé clássico, Duncan buscou como inspiração a própria natureza, a liberdade de expressão, permitindo ao bailarino que comunicasse seus sentimentos, seus conflitos e sua vida com liberdade de movimentos e conscientização de que era necessário mais do que copiar.

A dança moderna passou a recuperar a relação do homem com o corpo e o mundo. Os movimentos corporais passaram a ser mais explorados, com estudos das possibilidades motoras do corpo humano, embora ainda respeitassem uma técnica organizada.

Ao contrário da verticalidade do balé, a dança moderna busca executar movimentos no solo, com pés descalços, dando mais flexibilidade ao tronco, com contrações, torções e desencaixes relacionados a sentimentos de autorrealização e anulação do corpo que dança com o meio.

Saindo do apoio das pontas dos pés – característica do balé clássico –, a dança moderna traz a proposta de **dançar descalço**, com o eixo do movimento no tronco, na coluna e nas articulações em diferentes graus de tensão e relaxamento muscular, bem como na respiração, no contato, na queda e na improvisação, reconhecendo novamente o corpo que dança como linguagem.

Toda a liberdade de expressão vivida pela dança moderna historicamente a caracteriza na pós-modernidade em diferentes estilos e formas experimentais, evoluindo para outras práticas amplamente sistematizadas, como o *jazz dance* (ou dança *jazz*), de origem norte-americana, que tem sido muito difundido e praticado no Brasil.

A **dança *jazz*** surgiu nos Estados Unidos como uma prática oriunda da chegada dos primeiros navios negreiros. Nesse contexto, as canções e a dança eram utilizadas como forma de relação produtiva com os negros africanos escravizados. Nas palavras de Mundim (2005, p. 97):

> Os senhores brancos, inclusive, levavam os escravos a locais públicos, permitindo a dança [...] e o canto sob vigia. As Canções de Trabalho funcionavam como uma manifestação dos pensamentos dos trabalhadores e revelavam seu cansaço. A música era o código de comunicação estabelecido pelos escravos.

A dança *jazz* se originou da manifestação expressiva da cultura negra, influenciada pela cultura norte-americana colonizadora, como uma mistura de movimentos corporais africanos de reprodução e sátiras do cotidiano ao qual os povos negros eram submetidos. Somente com a liberdade da escravidão, em 1863, as influências das danças tribais africanas chegaram à dança *jazz*.

É importante ressaltar que embora a origem desse estilo seja atribuída aos negros, por questões culturais predominantes, foram os brancos que primeiramente levaram essa dança aos palcos. Assim, os negros tiveram que enfrentar um caminho mais longo para conseguir espaços em renomadas companhias de dança. Infelizmente, percebemos que essa ainda é uma realidade atual nas manifestações expressivas corporais, como teatro e dança.

No Brasil, a maior expressividade da dança na identidade negra aconteceu 25 anos depois, em 1888, com a libertação dos escravizados. A dança *jazz* norte-americana só chegou ao Brasil com a difusão do sapateado, entre as décadas de 1930 e 1950, por meio de programas de auditório, de rádio e de musicais de televisão – meios de comunicação restritos à dita burguesia brasileira.

Nos anos de 1960, as comédias musicais norte-americanas e os filmes hollywoodianos marcaram uma forte influência no Brasil, pois apresentavam intensas coreografias de dança *jazz*. Ao mesmo tempo, nascia no Brasil o movimento da Bossa Nova, com expressivo cunho político e social. Somados ao samba – que, como o *jazz*, tem origem africana –, os ritmos brasileiros e o *jazz* passaram a ser difundidos por meio da prática da dança *jazz* brasileira.

Assim, a partir da década de 1980, esse estilo foi se desenvolvendo no Brasil até se consolidar com sistemáticas de conteúdos próprios. Atualmente, algumas disseminações e companhias se destacam no cenário dessa dança.

Após a Primeira Guerra Mundial, a humanidade precisou descobrir uma nova linguagem para expressar as necessidades e os sentimentos do século XX, período de desenvolvimento tecnológico que abriu novas perspectivas nas áreas de comunicação – entre elas, a dança.

A **dança pós-moderna**, assim, caracterizou-se pela criação fundamentada na vivência e na experimentação e pela busca de novas estruturas que permitissem a exploração dos limites e uma aproximação da realidade, por meio de ações, movimentações e figurinos e de um movimento mais próximo daquele realizado pelo corpo fora do palco. Assim, os teatros deram lugar a espaços públicos, formais e informais, envolvendo o cotidiano das pessoas.

A ideia de que qualquer movimento poderia ser considerado dança passou a ser um conceito muito forte entre jovens artistas engajados em ideais de comunidade e igualdade social (Novak, 1990).

Nas palavras de Wosniak (2006, p. 49), "se o Ballet havia envolvido os pés em sapatilhas de seda, escondendo a superfície do corpo e sua força de trabalho, e se a dança moderna desnudou, assegurando o contato com a terra, carregada de energia e vitalidade, a 'musa' do pós-modernismo adotou o tênis para simbolizar o nada".

Na dança contemporânea, o corpo é construído por meio de técnicas somáticas e pesquisa corporal, utilizando muito a improvisação, o contato com o chão e as formas de interação com o ambiente e o público. Essa prática envolve temas diversificados, como política, cultura, comportamento, autobiografia, cotidiano, fisiologia ou anatomia do corpo, além de aquisições do passado e construções de novas possibilidades corporais expressivas.

Para possibilitar uma linha de trabalho mais democrática na dança contemporânea, outras linguagens artísticas foram incorporadas, como vídeos, músicas, fotografias, artes plásticas, *performances* e cultura digital. Apesar de não existirem técnicas ou padrões a serem seguidos, cada movimento é amplamente investigado e pesquisado para reflitir exatamente o sentimento que se deseja expressar.

Segundo Tadra et al. (2009, p. 39), a preocupação "é permear e relacionar os movimentos da dança à vida do homem moderno, construindo o movimento de dentro para fora, e não separando o corpo da mente". Azevedo et al. (2015, p. 2) complementa essa ideia ao afirmar que "a dança contemporânea se desprendeu de vez de qualquer amarra ainda existente e busca principalmente se utilizar da arte como forma de expressão de ideais, ideologias e questionamentos do ser humano".

A dança contemporânea vem integrar os saberes construídos ao longo do tempo nas diferentes manifestações de dança, buscando os princípios facilitadores do movimento expressivo e priorizando as técnicas de consciência do movimento em detrimento dos processos de repetições.

2.5 A dança brasileira

Até este momento, apresentamos o contexto histórico da dança desde a era mais primitiva até a atualidade. Nesta seção, faremos um recorte na história para analisarmos a construção das danças do acervo popular brasileiro, tendo como ponto de partida o século XV.

Como pode ser observado na linha do tempo exposta na "Introdução" deste capítulo (Figura 2.1), o Brasil (oficialmente descoberto em 1500 por Pedro Álvares Cabral) surgiu no período em que, na Europa, a dança passava para o domínio da nobreza e, consequentemente, adquiria características aristocráticas.

O europeu trouxe para o Brasil a dança de par. Aliás, as danças de salão foram um produto da civilização europeia moderna. Do período colonial, há registros de bailes com danças de salão no palácio da Princesa Isabel, em Guanabara, no Rio de Janeiro, os quais contribuíram para a disseminação das danças europeias da corte em nosso país.

Conforme evidenciamos anteriormente, a dança é a expressão da cultura de um povo por meio da linguagem corporal. Nesse sentido, é necessária a análise e compreensão da formação e construção do povo brasileiro.

Na perspectiva de que a cultura corresponde ao conjunto de modos de vida de cada grupo social, bem como à expressão de sentimentos, valores, ações e reações dos membros que a constituem (Neira, 2007, p. 26), a dança brasileira traz a mistura de sofrimentos, alegrias, crenças, adorações e agradecimentos a diferentes deuses, sentimentos e sonhos de seus povos, com ricos significados a serem explorados no trabalho com a linguagem corporal.

A nação brasileira é constituída por uma mistura de raças, crenças e comportamentos, cujas relações e trocas culturais ocorreram, primariamente, entre os indígenas que habitavam o território, os colonizadores europeus e os negros africanos escravizados.

A miscigenação das raças (branca, negra e indígena) inicialmente deu origem a três tipos de mestiços: o mameluco (branco + indígena); o mulato (branco + negro); e o cafuzo (indígena + negro). Essa miscigenação deu origem a um campo fértil para a riqueza cultural brasileira.

De acordo com Adelia Miglievich Ribeiro (2011, p. 37), o brasileiro nasceu num processo de distinção de suas matrizes originais, sendo "hostilizado e, também, hostil". Sob essa ótica, conforme elucida Darcy Ribeiro (citado por Ribeiro, 2011, p. 39): "O brasilíndio como o afro-brasileiro existiam numa terra de ninguém, etnicamente falando, e é a partir dessa carência essencial, para livrar-se da ninguendade de não índios, não europeus e não negros, que eles se vêem forçados a criar a sua própria identidade étnica: a brasileira".

As populações brasileiras são o resultado de um processo de miscigenação ao longo do tempo, com a contribuição, ainda na época colonial, de franceses, holandeses e ingleses, bem como de imigrantes (italianos, espanhóis, alemães, japoneses etc.) e de outros povos que aqui se estabeleceram.

Em todo o nosso país, podemos verificar a presença de elementos culturais da dança a partir do estabelecimento inicial histórico e geográfico dos povos imigrantes. Por exemplo, os alemães se estabeleceram, principalmente, na Região Sul; os italianos, em São Paulo; e os espanhóis, por todo o país. Esse fator também contribuiu para que a mistura de povos no Brasil tivesse uma composição diferente de acordo com cada região.

Darcy Ribeiro (citado por Umann, 2007) entende que as três matrizes de formação do povo brasileiro (compostas por indígenas, negros e brancos portugueses) constituíram, por meio dessa miscigenação, cinco grandes grupos, que ele denomina *cinco Brasis*: o **caboclo**, predominante no Norte do país; o **crioulo**, presente nas terras litorâneas do Nordeste; o **sertanejo**, encontrado do sertão nordestino ao Centro-Oeste; o **caipira**, localizado na zona do café, do Sudeste ao Centro-Oeste; e o **sulino**, encontrado no Sul do Brasil.

É importante perceber que cada uma dessas matrizes e todo esse processo foram de grande contribuição para a construção da diversidade do povo brasileiro, manifestada em sua linguagem e evolução, bem como em seu comportamento e em suas crenças e danças.

Observe, considerando a imensidão do Brasil, que alguns povos e raças prevaleceram em determinadas regiões, como os indígenas no Norte; uma população menos branca no Nordeste; outra com características mais indígenas e brancas no Centro-Oeste; um grupo menos negro no Sul; e, ainda, outra mais miscigenada na Região Sudeste – em virtude de essa ser a área de maior desenvolvimento e, portanto, de maior migração.

A história enfatizada nos currículos escolares nacionais conta que, no dia 22 de abril de 1500, Pedro Álvares Cabral descobriu o Brasil. Essa data oficialmente marca o início dos anos de domínio (ou invasão) de Portugal, assim como de outros povos conquistadores, como franceses, holandeses e espanhóis que, em comum, exploraram de forma devastadora os recursos naturais brasileiros, como o pau-brasil, o ouro, o café e a cana-de-açúcar, constantes no espaço tão preservado e cultuado pelo indígena nativo.

Contudo, quem eram esses povos descobridores ou invasores? De onde e por que vieram? Qual era a visão de mundo dos portugueses que colonizaram o Brasil?

Portugal, em meados do século XV, em razão das frequentes invasões que sofreu em sua história, lançou-se ao mar em busca de novas terras e possibilidades. Foi dessa maneira que os navegadores portugueses encontraram as terras brasileiras.

Analisando a história da colonização do Brasil e considerando a **dança como linguagem cultural de um povo**, percebemos que os portugueses, que buscavam o poder sobre os povos nativos brasileiros, haviam sido encurralados e fugiram em busca de um novo espaço. Essa particularidade também está presente na contribuição europeia para a formação e identidade do povo brasileiro, além de estar expressa nas danças.

O comportamento dos invasores e colonizadores era incompreendido pelos habitantes que aqui viviam. Segundo Ribeiro (citado por Umann, 2007, p. 44): "Aos olhos dos índios, os oriundos do mar oceano pareciam aflitos demais. Por que se afanavam tanto em seus fazimentos? Por que acumulavam tudo, gostando mais de tomar e reter do que dar, intercambiar?".

Considere que os indígenas que habitavam o Brasil em 1500 preservavam a natureza e utilizavam apenas os recursos necessários para sua subsistência (caça, pesca e agricultura), tais como milho, amendoim, feijão, abóbora, batata-doce e, principalmente, mandioca. Os indígenas desconheciam a necessidade do acúmulo tanto de bens quanto de terras.

As tribos indígenas brasileiras apresentavam organizações sociais específicas. Porém, apesar de suas crenças e de seus rituais religiosos diferenciados, todas elas acreditavam nas forças da natureza e nos espíritos dos antepassados. Assim, elas faziam rituais e cerimônias cheias de danças aos deuses.

Na visão de mundo indígena, a conexão com a natureza sempre foi inerente aos seres humanos, e segue sendo até os dias de hoje. Nas palavras do índio Lúcio Flores Terena (2005, p. 43):

> Nós fazemos parte um do outro e, por isso, essa luta pela manutenção da natureza, na sua forma mais intacta possível, a luta pela vida como um todo, dos vegetais e dos animais. Nosso mundo é mais holístico, onde as coisas são muito mais interligadas, não é fácil você definir o que é seiva e o que é sangue, o que é sagrado e o que é profano.

O índio dança para celebrar um cacique, homenagear os mortos e comemorar a puberdade; para agradecer o alimento, o amadurecimento das frutas, a pescaria e a caça; para afastar doenças e maldições e se preparar para a guerra. Enfim, é imensa e virtuosa a presença da dança na linguagem indígena, que se apresenta em constante comunicação corporal com a natureza criadora.

Após colonizado, o indígena brasileiro chegou até a dançar em solo europeu. Esse foi o início do intercâmbio cultural na formação da dança brasileira:

> em 1550, na cidade de Ruão, capital da Normandia, por ocasião da visita do rei Henrique II de Valois e sua mulher, Catarina de Médicis, representando uma terra selvagem há pouco descoberta, 50 índios brasileiros, em companhia de mais de 200 indivíduos, todos nus, pintados e enfeitados à moda dos primitivos habitantes do Brasil, simularam uma luta entre tupinambás e tabajaras. (Ellmerich, 1964, p. 108)

O processo de colonização do indígena brasileiro parece ter se valido de sua ingenuidade e de suas crenças. De acordo com Darcy Ribeiro (1995), os indígenas aplicaram uma instituição social denominada *cunhadismo*, uma prática comum para incorporar estranhos à comunidade indígena.

Para o índio, a ação de dar uma moça índia como esposa a um europeu era normal. E para os colonizadores, essa instituição funcionava como uma forma eficaz de recrutamento de mão de obra para os trabalhos pesados, fazendo surgir uma numerosa camada de mestiços que efetivamente ocupou o Brasil.

Todo esse processo construiu a identidade dos indígenas que aqui viviam, chamados de mamelucos pelos jesuítas espanhóis. A cultura e as tradições indígenas foram ressignificadas no comportamento e na linguagem e, até hoje, se fazem presentes nas danças brasileiras

Para os povos indígenas, a dança é a própria linguagem da tribo em todos os seus rituais, com passos coreográficos, formações, cantos e instrumentos musicais, a depender dos objetivos das cerimônias/dos rituais.

Entre as danças indígenas brasileiras, podemos destacar o **toré**, que está presente em todo o território nacional, nas mais diferentes tribos, e apresenta grande significado para todas as comunidades que a praticam. Segundo Lúcia Gaspar (2011), o toré se constitui num grande símbolo de resistência e união entre as tribos indígenas brasileiras. Sua dança representa um ritual sagrado que celebra a amizade entre distintas aldeias, realçando o sentimento de grupo e nação. Geralmente, é realizado nas comemorações referentes ao Dia do Índio, em 19 de abril, nas tribos espalhadas por todo o território nacional.

A dança do toré se inicia com uma oração silenciosa feita pelo cacique da tribo e com todos os participantes de joelhos no chão. Ela é realizada em círculos: o primeiro é formado pelos instrumentistas e tocadores de zabumba e gaita, responsáveis pelas cantigas no centro; o segundo é composto por crianças e adolescentes da aldeia; e o terceiro, o maior, é formado pelos índios adultos, homens e mulheres cantando e tocando o maracá. O cacique da aldeia permanece sempre ao centro de toda a formação, e toda a coreografia acontece com a utilização de movimentos circulares e no sentido horário.

Outra dança que merece destaque no acervo popular brasileiro é a denominada *catira* ou *cateretê*. Trata-se de uma linguagem corporal de natureza ameríndia, de acordo com Cascudo (1954), e que se caracteriza como uma das danças do índio brasileiro que foi aproveitada pelos jesuítas, ainda no período colonial, para inserir a catequese entre eles de maneira mais harmônica. Os jesuítas, na intenção de acabar com as danças pagãs indígenas, adotaram o cateretê, substituindo os textos pagãos por textos católicos na língua tupi.

Disseminado no interior do Brasil, o cateretê apresenta uma simbologia fortemente marcada pelos valores e pelas práticas das culturas portuguesas e indígenas locais interioranas, produzindo a chamada *identidade caipira* no interior de São Paulo, Paraná, Minas Gerais, Goiás e em partes do Mato Grosso.

Segundo Marra (2016), a dança da catira se caracteriza pela seguinte composição: uma dupla de violeiros – chamados *mestre* e *contramestre* –, os puxadores e os dançarinos se posicionam em duas fileiras, uma em frente à outra, para compor a formação coreográfica.

Os violeiros executam versos da moda de viola, ora harmonizados com os ponteados da viola (os chamados *solos*), ora com um ritmo mais forte e animado, acompanhando simultaneamente o canto, a palma e o sapateado dos dançarinos. Os puxadores, também chamados de *tiradores de palmas*, são os melhores e mais experientes catireiros, cuja função é conduzir a coreografia, determinando os passos ou as palmas que serão executadas. Contudo, não podemos deixar de ressaltar que essa estrutura vem apresentando variações ao longo do tempo, de acordo com cada lugar e grupo.

A formação do povo brasileiro não ocorreu de forma fácil. Assim como a configuração do brasileiro-índio, o nascimento do brasileiro-mulato também foi muito doloroso.

Por volta de 1540, os negros africanos foram trazidos em massa para o Brasil, em virtude do desenvolvimento da agricultura, para servir de mão de obra no cultivo e colheita da cana-de-açúcar, que se constituiu numa fonte rentável para a economia europeia.

Nas palavras de Ribeiro (1995, p. 118), tratava-se de uma verdadeira "empresa escravista, fundada na apropriação de seres humanos através da violência mais crua e da coerção permanente, exercida através dos castigos mais atrozes".

Com isso, esses negros, influenciados pelos novos vizinhos indígenas e europeus e por africanos de outros povos e línguas, recriaram suas culturas num ambiente em comum, mediante a fusão das lembranças que tinham de sua terra e de seu povo, de suas tradições e de suas danças.

A contribuição africana para a dança brasileira é identificada genericamente por meio das danças de batuque, as quais ora são denominadas pelo instrumento musical que serve de acompanhamento – como o caxambu, o carimbo e o retumbão –, ora se caracterizam pelas cerimônias e linguagens em que estão inseridas – como o maracatu, o lundu, a congada, o samba, o candomblé e a capoeira.

Preste atenção!

A capoeira é oriunda da experiência sociocultural de africanos e seus descendentes no Brasil. Segundo Oliveira e Leal (2009), em sua trajetória histórica, a capoeira conta a força da resistência contra a escravidão e sintetiza a expressão de diversas identidades étnicas de origem africana.

As danças, que na Idade Média eram preservadas nos guetos, seguiram a mesma trajetória. Os povos se mantiveram firmes em suas tradições, o que resultou nas práticas das danças populares brasileiras.

Assim, nasceu e começou a se construir a dança brasileira, com uma riqueza ímpar, caracterizada pela própria miscigenação e diversidade cultural dos diversos povos que foram constituindo nosso país, com uma mistura de crenças, comportamentos e linguagens corporais.

A diversidade cultural proporciona na dança uma riqueza de misturas de cores de pele, ritmos, crenças, movimentos e gingados. De acordo com Umann (2007), a dança decorrente da miscigenação entre os povos formadores da sociedade brasileira atual proporcionou uma espécie de caldeirão cultural de onde surgiram, em meio ao caos, belíssimas manifestações artísticas populares, as quais construíram as raízes das danças brasileiras.

Com a miscigenação dos povos, proveniente da chegada dos europeus e africanos em terras indígenas, as danças como forma de expressão e linguagem de cada cultura foram se fundindo. Por isso, há maiores influências indígenas, africanas e europeias nas raízes da dança brasileira.

No trabalho com as danças brasileiras, podemos compreender os diversos contextos históricos que formaram e ainda formam o povo brasileiro.

Como temas de estudo da educação física, as danças brasileiras não devem ser vistas apenas como preservação da identidade do povo. Além disso, é necessário compreender e debater quais são as linguagens e vozes expressas nas suas diferentes manifestações da história, que ainda podem ser reconhecidas na atualidade.

No processo de ensino-aprendizagem, a dança deve ser abordada como uma releitura construída crítica e coletivamente com os alunos por meio de seus conhecimentos prévios diante da realidade atual, com o objetivo de garantir o real entendimento do significado de *linguagem* e a valorização da multiculturalidade presente na identidade do povo brasileiro.

Assim como o carnaval e o samba, a capoeira, por exemplo, é uma rica expressão da cultura afro-brasileira, tanto no Brasil como no exterior – em 2008, foi registrada pelo Instituto do Patrimônio Histórico e Artístico Nacional (IPHAN) como bem da cultura imaterial do Brasil.

Trazer à tona análises críticas das linguagens das danças é importante para aproximar o aluno do contexto e das linguagens corporais exploradas.

Relacionar a capoeira ou o maculelê – danças de origem africana que comunicavam a desigualdade da escravidão – com a dança de rua realizada atualmente – que informa as desigualdades sociais e econômicas sofridas pelo negro no Brasil – é refletir que a linguagem corporal de luta de classes do negro, raça matriz do povo brasileiro, até hoje se faz presente nas manifestações artístico-culturais.

Importante!

No trabalho com as danças brasileiras, o contexto da linguagem e o conhecimento cultural são imprescindíveis e inerentes à proposta educativa, tanto para a preservação da identidade cultural quanto para o entendimento da manifestação corporal como linguagem a ser comunicada.

Em relação ao processo pedagógico envolvendo as danças brasileiras, enfatizamos a necessidade de o professor explorar o significado de determinada dança para a comunidade, fazendo sua contextualização histórica, cultural e social por meio da discussão crítica das linguagens corporais presentes tanto nos movimentos coreográficos, no figurino e no espaço cênico quanto na intenção da dança, de forma que ela se torne significativa para o aluno – em vez de ser simplesmente reproduzida de forma estereotipada.

Para exemplificar a necessidade de contextualizar as danças brasileiras como objeto de ensino-aprendizagem na Educação Física no ambiente escolar, analisaremos rapidamente a quadrilha junina.

Muitas vezes, cabe ao professor de Educação Física interromper seus conteúdos para o ensaio dos alunos que participarão da quadrilha na festa junina da escola. Vale lembrar que a dança, conteúdo dessa disciplina, é banalizada, e, no caso exemplificado, ela retorna à sala de aula apenas como produção para um evento, reforçando o caráter de reprodução sem significado.

Dança típica das épocas de festa junina, a **quadrilha** é amplamente reproduzida nas escolas. Um animador vai anunciando frases e marcando os momentos da dança, e os casais de dançarinos, então, começam a dançar, com figurinos de trabalhadores de roças, repletos de remendos, além de chapéus de palha.

Nas propostas das escolas, em geral, a quadrilha junina apresenta enunciados, na maioria das vezes, distantes do universo do aluno, visto que direcionam os movimentos coreográficos com expressões como "caminho da roça", "olha a cobra", "a ponte quebrou". Além disso, os figurinos propostos, as roupas, os chapéus e as maquiagens contribuem para reforçar estereótipos.

Observe que, além da proposta de reprodução de movimentos de forma descontextualizada e sem sentido para o aluno, ocorre o fortalecimento satirizado da figura do caipira brasileiro.

Uma pequena pesquisa histórica nos faz entender que a quadrilha que é dançada nas festividades juninas deriva das danças coletivas realizadas na França do século XVIII.

As denominadas *danças coletivas* eram realizadas exclusivamente por membros da aristocracia, com formação de quatro casais. Oriundas da nobreza, chegaram ao Brasil por volta de 1820, por meio das classes sociais cariocas mais ricas da sociedade brasileira da época.

Somente no final do século XIX é que a quadrilha foi se popularizando, agregando elementos culturais relacionados às tradições e ao modo de vida no campo. Por exemplo: maior número de pares dançantes; abandono de passos e ritmos franceses; manutenção de falas populares francesas; e incorporação de novas músicas e do característico casamento caipira.

Numa releitura da quadrilha junina, podemos verificar que as incorporações dos elementos culturais populares se relacionam a comemorações e entendimentos de plantações e colheitas.

As roupas remendadas e o chapéu de palha, por exemplo, representam roupas e acessórios para o trabalho no campo. Além disso, nesse contexto, uma expressão como "olha a cobra" poderia ter relação com a quantidade de répteis presentes nos cafezais das plantações; da mesma forma, "olha a chuva" poderia significar que é momento de retornar para casa ou que o dia não será proveitoso para a plantação.

Ao mesmo tempo, reconhecemos expressões originais de passos franceses na quadrilha brasileira, tais como *alavantú* (todos os casais vão à frente), *anarriê* ou *an arrière* (os casais vão para trás) ou, ainda, *changê e changer* (trocam-se os pares).

A valorização das danças do acervo cultural brasileiro no ambiente escolar pode contribuir para o conhecimento do aluno a respeito de sua própria história e identidade, levando-o a perceber a riqueza de significações da dança como linguagem, de forma a construir um pensamento crítico em relação às danças atualmente vivenciadas.

É imenso o universo de exploração da dança referente ao território nacional. Cada manifestação artística tem seu contexto, sua história e sua linguagem. Realizadas em grupo, pares ou individualmente, as danças podem assumir diversos motivos e significações – festivas, cerimoniais ou religiosas.

Entre as manifestações de dança prevalentes nas regiões brasileiras, existem, por exemplo: as danças gaúchas de fandango, na Região Sul; a folia de reis, a catira e as quadrilhas, no interior do Sudeste; a congada, o reisado, a folia de reis e o cururu, no Centro-Oeste; o frevo, o bumba meu boi, o maracatu, o baião, a capoeira, a congada, o maculelê e as cirandas, no Nordeste; e, ainda, a marujada, o carimbó, o boi-bumbá, o baião, o xote e também as cirandas, no Norte.

Perceba como a dança brasileira representa um agente de cultura mutante, que adquire e constrói características por meio de vivências, trocas e, principalmente, formas de linguagem corporal, em regiões e comunidades específicas e de acordo com as necessidades e os contextos de cada povo. A dança se trata, sem dúvida, de uma verdadeira linguagem corporal viva, que agrega novas formas e *performances* mediante da riqueza cultural local proveniente dos espaços em que é produzida.

Essa é a riqueza da dança brasileira a ser explorada pelo professor de Educação Física na escola. A linguagem da dança deve ser traduzida nas ações corporais, considerando também o tempo, o espaço, a intenção e os diferentes contextos em que ela é realizada.

Síntese

Neste capítulo, demonstramos que a dança foi uma das primeiras formas de manifestação da linguagem da humanidade. Sob essa ótica, o ser humano, em diferentes épocas e contextos da sua história, sempre dançou para se comunicar, ou seja, falou com o corpo para interagir no ambiente de acordo com sua forma de pensar e entender o mundo.

Assim, a dança como linguagem humana foi se manifestando. O homem primitivo dançou para satisfazer às suas necessidades mais imediatas de sobrevivência; na Antiguidade, o homem dançou em rituais sagrados para adquirir os dons dos imortais e se comunicar com os deuses.

Na sequência, debatemos que, com a visão de mundo proeminente na Idade Média, a dança foi reprimida pelo poder social da Igreja, e só tornou a ser valorizada no século XV, graças a uma nova compreensão de mundo que entendia o corpo como uma máquina perfeita. Assim, teve início um processo que deu as primeiras formas à sistematização na história da dança: o balé, da corte ao academicismo clássico.

Conforme salientamos, no final do século XIX, após as guerras mundiais, a humanidade precisou descobrir uma nova linguagem para expressar necessidades e sentimentos, dando origem, assim, à dança moderna como forma de negação da formalidade do balé (com sua necessidade de perfeição e forma elitista).

Já com relação à linguagem da dança, elucidamos que passou a ser necessária a utilização de novas formas e métodos de expressão corporal que dessem ao corpo maior expressividade, tendo em vista as novas experiências sociais e históricas vividas.

Da mesma forma, demonstramos que, no século XX, num período de desenvolvimento tecnológico que abriu novas perspectivas nas áreas da comunicação com o corpo – entre elas, a dança –, as propostas foram evoluindo, caracterizando vários estilos e formas contemporâneas na dança pós-moderna.

Por fim, discutimos a dança brasileira como uma forma de manifestação cultural que utiliza a linguagem corporal para expressar valores, crenças e histórias das diferentes culturas que formam o povo brasileiro.

Não podemos nos esquecer de que o corpo humano é um sistema altamente organizado, com capacidade de comunicar mensagens e transmitir sensações de todo tipo e a qualquer instante.

Conhecer a história da dança é compreender que ela traduz e produz a cultura social explicitamente vivida desde o surgimento da humanidade até os dias atuais, em diversos tempos, espaços e contextos. O homem sempre dançou o que sentia, e segue dançando o que sente.

III Indicações culturais

Artigo

RIBEIRO, A. M. Darcy Ribeiro e o enigma Brasil: um exercício de descolonização epistemológica. **Revista Sociedade e Estado**, v. 26, n. 2, p. 23-49, 2011. Disponível em: <http://www.scielo.br/pdf/se/v26n2/v26n2a03.pdf>. Acesso em: 28 nov. 2018.

Nesse artigo, a autora Adélia Miglievich Ribeiro aborda o processo de colonização do Brasil e a educação do povo brasileiro, sob a ótica do antropólogo Darcy Ribeiro.

Filmes

ISADORA. Direção: Karel Reisz. Inglaterra; França: Better Television Distribution, 1968. 131 min.

Trata-se de um filme biográfico sobre a dançarina americana Isadora Duncan, uma das principais referências da dança moderna. Muito à frente de seu tempo, ela questionou a forma tradicional do balé clássico e começou a criar suas coreografias de modo inovador, buscando inspiração na Grécia. Duncan dançava descalça ao som de músicas subversivas.

MESTRE Bimba: a capoeira iluminada. Direção: Luiz Fernando Goulart. Brasil: Rio de Janeiro, 2005. 78 min.

Esse documentário conta a história de Manoel dos Reis Machado, o Mestre Bimba, fundador e criador da capoeira regional e grande nome da área. A partir de depoimentos de ex-alunos e historiadores, o filme traça um rico painel sobre a cultura negra e a capoeira no Brasil.

Livro

BOURCIER, P. **A história da dança no Ocidente**. 2 ed. São Paulo: M. Fontes, 2006.

Professor de História da Dança, Bourcier apresenta nessa obra a evolução da arte da dança no Ocidente, baseando-se em ricas pesquisas documentais.

Vídeos

CAROLA: convite. Disponível em: <https://www.youtube.com/watch?v=qMmoGThyRfM>. Acesso em: 28 nov. 2018.

Conheça as danças medievais carola (dançada em roda) e *tripudium* (dançada em três tempos, ao som de cantos gregorianos), ritmadas com tambores e tamborins.

ÍNDIOS potiguaras: cultura ancestral. Direção: Jose Manuel Simões. Portugal, 2008. 23 min. Disponível em: <https://www.youtube.com/watch?v=p2cl4mj-Bto>. Acesso em: 28 nov. 2018.

Nesse belíssimo curta-metragem, José Manuel Simões aborda a cultura dos potiguaras, uma das etnias tupis que mais resistiu aos invasores portugueses.

TRIPUDIUM. Disponível em: <https://www.youtube.com/watch?v=ByI_6kzoIk8>. Acesso em: 28 nov. 2018.

Atividades de autoavaliação

1. Indique se as afirmações a seguir são verdadeiras (V) ou falsas (F):

    ( ) Conhecer a história da dança possibilita a reflexão sobre sua inserção e influência no espaço social, desde o surgimento da humanidade até os dias atuais, como agente de produção cultural.

    ( ) A dança foi a primeira manifestação de linguagem e comunicação corporal com características semelhantes nas diferentes regiões do mundo.

    ( ) Entre os povos da Antiguidade, três civilizações tiveram representatividade na história da dança: a egípcia, que apresentava danças ritualísticas e sagradas; a grega, em que a dança atingiu seu ápice; e a romana, que iniciou um processo de desvalorização e repressão de sua prática.

    ( ) Entre a Antiguidade e o Período Medieval, a dança como forma de linguagem corporal sofreu uma mudança de paradigma, em decorrência do poder do cristianismo em detrimento dos cultos politeístas até então praticados.

    ( ) A dança na Antiguidade se caracterizou como profana e indutora de condutas imorais e pecaminosas nas primeiras civilizações, considerando-se uma visão de mundo segundo a qual não havia explicações científicas para grande parte dos fenômenos da natureza.

Agora, assinale a alternativa que corresponde à sequência correta:

a) F, F, V, F, V.
b) V, V, F, V, V.
c) F, F, V, F, F.
d) V, V, V, V, F.
e) V, V, V, V, V.

2. A dança se caracterizou de forma específica como linguagem na Modernidade. Com base nessa afirmação, indique se as afirmativas a seguir são verdadeiras (V) ou falsas (F):

( ) A modernidade representou a necessidade de reorganização da sociedade por meio da razão científica em detrimento das idolatrias e metáforas até então vividas.

( ) A dança surgiu como uma negação da formalidade das danças litúrgicas sob o domínio da Igreja Católica, passando a procurar métodos que dessem ao corpo movimentos racionais numa nova época da história.

( ) A dança trouxe a proposta da utilização de figurinos, representando a aristocracia, e gradativamente foi sistematizando formas e técnicas, conquistando grande espaço na história das sociedades.

( ) A dança na Modernidade se desviou das camadas populares e alcançou a nobreza; sua prática e seu desenvolvimento passaram, assim, a ser privilégio da aristocracia.

( ) No pensamento de mundo mecanicista, a dança buscava a perfeição das formas nos movimentos corporais, sendo composta por métricas musicais e novas formas de organizar o movimento.

Agora, assinale a alternativa que corresponde à sequência correta:

a) V, F, V, F, V.
b) F, V, F, V, V.

c) V, F, V, F, F.
d) F, V, V, V, F.
e) V, V, V, V, V.

3. Identifique se as afirmações a seguir são verdadeiras (V) ou falsas (F):

( ) A dança na Roma Antiga era ritualística e sagrada, também caracterizada pela imitação dos movimentos da natureza, compreendendo o ritmo das estações para o cultivo da agricultura.

( ) Na Idade Média, a dança passou do domínio popular para o poder, bem como deixou de ser uma atividade lúdica das camadas populares para se tornar uma forma mais disciplinada, dando origem a repertórios de movimentos estilizados.

( ) O balé como linguagem corporal foi codificado e sistematizado na Idade Moderna por meio do pensamento mecanicista de mundo e levado ao academicismo pelas camadas da nobreza.

( ) No início da Idade Moderna, o Renascimento se caracterizou pela desvalorização da dança e de outras atividades artísticas.

( ) A origem do balé valorizava a técnica das formas, com uma característica quase mecânica, reproduzindo uma visão de mundo científico que entendia o corpo como uma máquina perfeita, desfavorecendo a linguagem corporal social.

Agora, assinale a alternativa que corresponde à sequência correta:

a) V, F, V, V, F.
b) V, F, V, F, V.
c) F, F, V, F, V.
d) F, V, F, F, V.
e) V, F, F, F, V.

4. A Contemporaneidade representa o período da história ocidental caracterizado pela consolidação do capitalismo e por uma nova visão de mundo, em que a sociedade, em suas diferentes esferas – incluindo a linguagem da dança –, passou a buscar algo que transcendesse a mera reprodução de ações.

Tendo em vista essa afirmação, assinale a seguir a alternativa que não identifica as formas corporais utilizadas na linguagem corporal da dança:

a) Movimentos codificados com o alinhamento do tronco; amplo uso do espaço vertical; planos altos; movimentos na ponta dos pés; saltos.
b) Movimentos no solo, com contrações, torções e desencaixes.
c) Movimentos tendo como eixo o tronco e as articulações em diferentes graus de tensão e relaxamento muscular.
d) Movimentos com ampla utilização de contato, quedas e improvisação.
e) Movimentos fundamentados em técnicas somáticas; pesquisa corporal; utilização de outras linguagens artísticas.

5. Identifique se as afirmações a seguir são verdadeiras (V) ou falsas (F):

( ) No período de colonização do Brasil, as danças como forma de expressão e linguagem de cada cultura (negra, africana e europeia) foram se esvaziando, constituindo-se em uma cultura mecânica a ser explorada entre os povos.

( ) A contribuição europeia para a dança brasileira no período colonial foi representada pelas danças de pares, cuja manifestação corporal ressignificada pelo povo deu origem a manifestações culturais como a quadrilha junina.

( ) A dança indígena pouco contribuiu para as danças que atualmente produzimos no Brasil, uma vez que apresentava uma linguagem ultrapassada em constante comunicação corporal com a natureza criadora, traduzida em cultos aos deuses e aos fenômenos da natureza.

( ) A contribuição africana para a dança brasileira é de extrema importância. O batuque, o gingado e a energia das formas corporais se mantiveram firmes em suas tradições, resultando tanto em práticas populares disseminadas quanto em práticas acadêmicas, como a dança *jazz*.

( ) As danças brasileiras, como temas de estudo da Educação Física, devem ser vistas como preservação da identidade do nosso povo e compreender as linguagens corporais expressas na história – que, muitas vezes, podem ser reconhecidas ainda na atualidade.

Agora, assinale a alternativa que corresponde à sequência correta:

a) F, V, V, F, V.
b) V, F, F, F, V.
c) F, V, V, V, F.
d) V, F, F, V, V.
e) F, V, F, V, V.

Atividades de aprendizagem

Questões para reflexão

1. Compreendendo que a dança traduz a cultura social vivida pela humanidade, analise a dança *funk* na atualidade. Anote suas percepções sobre a cultura social implícita em sua prática e discuta suas observações com seus pares.

2. Lembre-se de uma dança de quadrilha realizada em alguma festa junina de que você tenha participado em sua infância e anote o figurino e os passos coreográficos que você recordar. Em seguida, descreva a mensagem que a dança transmitia. Discuta com seus pares se havia ou não compreensão do que estava sendo dançado.

Atividade aplicada: prática

1. Selecione, no mínimo, dois tipos diferentes de danças da atualidade e faça uma pesquisa com os respectivos praticantes. Pergunte-lhes quais são os elementos que caracterizam a identidade do grupo e qual é a mensagem que eles querem passar quando dançam. Em seguida, elabore um quadro sintetizando suas respectivas caracterizações e ideologias e, com base na leitura deste capítulo, faça suas considerações em, pelo menos, três parágrafos.

Capítulo 3

Fundamentos da dança

Somos o que somos. Somos o que sentimos. Somos o que pensamos. Somos o que desejamos. Somos o que fazemos mediados por gestos e movimentos. Somos nosso corpo.

Madalena Freire

Neste capítulo, apresentaremos os fundamentos da dança como metodologia de ensino, contemplando uma sistematização de conteúdos a ser explorada pelo professor de Educação Física.

Para o entendimento da proposta, inicialmente debateremos o conceito de *dança* dentro do seu imenso universo, buscando identificar didaticamente seus elementos estruturantes, bem como os principais aspectos a serem considerados e desenvolvidos.

Ainda, abordaremos a ampliação das técnicas de ações corporais como estratégias de trabalho para a instrumentalização do professor nos movimentos corporais da dança

O principal objetivo é apresentar um subsídio teórico e prático de conteúdos e estratégias de ensino para os professores de Educação Física que possa contribuir para o desenvolvimento do conteúdo em suas aulas.

3.1 Entendendo a proposta metodológica do ensino da dança

Os fundamentos da dança se caracterizam como uma metodologia de ensino com uma linguagem acessível e prática, a qual pode ser utilizada pelos profissionais de educação física para os diferentes estilos de dança e aplicada a diversas faixas etárias.

Na aplicação dos conteúdos a serem desenvolvidos (Figura 3.1), a metodologia se alicerça no que denominamos **elementos estruturantes da dança**, conceito que determina toda e qualquer manifestação de dança como: **ações corporais** realizadas em **tempos rítmicos** e **espaços** determinados, com o objetivo de transmitir uma **intenção do corpo**.

Figura 3.1 Diagrama dos fundamentos da dança

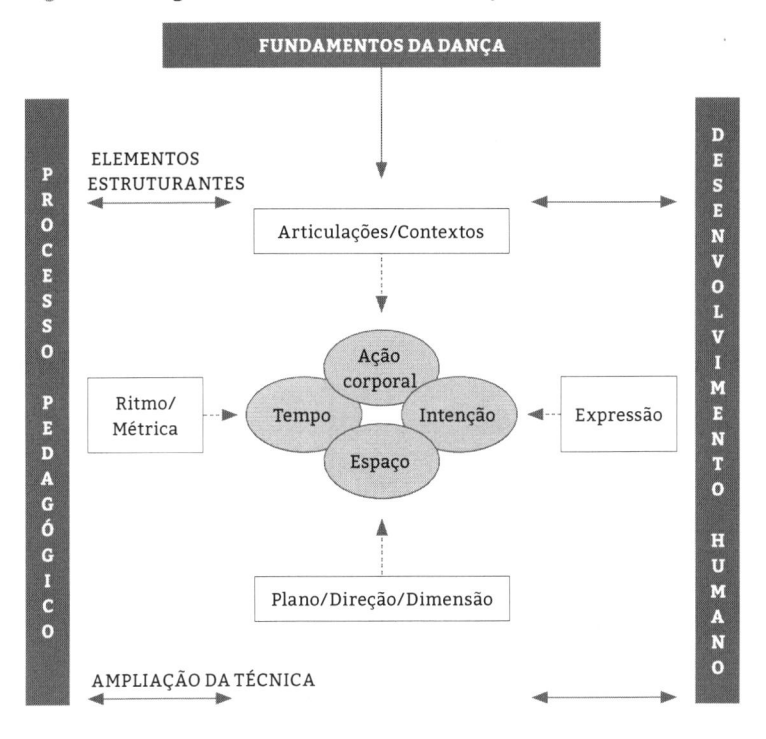

FUNDAMENTOS DA DANÇA

PROCESSO PEDAGÓGICO

ELEMENTOS ESTRUTURANTES

Articulações/Contextos

Ritmo/Métrica — Tempo — Ação corporal — Intenção — Expressão
Espaço

Plano/Direção/Dimensão

AMPLIAÇÃO DA TÉCNICA

DESENVOLVIMENTO HUMANO

As **ações corporais** partem primariamente da pesquisa das possibilidades de movimentos articulares, bem como de diferentes contextos, simbolismos e sistematizações construídos na história da humanidade. Em virtude de sua extensão e especificidade, tais ações serão abordadas nos próximos capítulos.

O **tempo** na dança se caracteriza pelo reconhecimento do ritmo individual e pelo desenvolvimento do ritmo coletivo, os quais se relacionam à construção da habilidade da métrica na dança, despertando a acuidade perceptiva à diversidade de sons.

Quanto ao **espaço**, referimo-nos às possibilidades de formas do corpo se expressar em suas várias dimensões, explorando planos, direções e trajetórias.

Por fim, a **intenção** incorpora a verdadeira linguagem da dança, por meio da qual as mensagens são corporalmente transmitidas.

É mediante os elementos estruturantes que os conteúdos são sistematizados. A ampliação da técnica, por sua vez, é feita por meio da pesquisa de ações corporais nas dimensões temporais, espaciais e intencionais. Além disso, o processo pedagógico para o desenvolvimento das temáticas deve considerar as fases de desenvolvimento humano.

Consideramos, nessa proposta, que o corpo humano é uma unidade biológica, muscular, articular, cognitiva, social, política e emocional. Enfim, é esse corpo total que dança. Sob essa ótica, ressaltamos a interconexão entre os elementos estruturantes da dança, por meio dos quais alfabetizamos o corpo para suas possibilidades de movimento nas ações corporais e, ao mesmo tempo, construímos o conceito de que os movimentos apreendidos e vivenciados são incorporados pelo indivíduo e utilizados para sua comunicação.

A dança permite a comunicação sem a presença da fala ou da escrita. Nesse sentido, quanto maiores forem a vivência e o conhecimento das possibilidades de movimentos do nosso corpo em estruturas espaciais e rítmicas, maior será o repertório para se comunicar, para dançar.

O professor deve ter a consciência de que, ao possibilitar diferentes formas, estimula os atos de pensar e compreender o movimento – ou seja, o que dizemos por meio do corpo quando nos movimentamos de determinada maneira –, de forma a exercitar e potencializar as ações motoras para a expressão corporal.

Na exploração das possibilidades de movimentações corporais, temporais e espaciais do aluno, entendemos que o aumento do repertório na unidade corporal potencializa a capacidade de expressão e comunicação com o mundo.

Numa sequência de movimentos codificados, um dançarino transmite informações ou sensações sincronizadas ao ritmo musical, comunicando-se com o ambiente. Essa forma de comunicação aparece integrada ao cotidiano: as pessoas dançam individualmente, em duplas ou em grupos com as mais diversas finalidades – lazer, saúde, profissão, educação etc.

Quando dançamos, independentemente do local em que estamos ou da finalidade, exploramos nosso potencial motor. Dentro de um ritmo e espaço, relacionamo-nos social e afetivamente no ambiente. De acordo com Nanni (2003, p. 45):

> *a dança enquanto atividade física e comunicação não verbal vêm ao encontro das necessidades do homem contemporâneo, com a finalidade de desenvolver nele as referências de si mesmo através das percepções de estados de contração/relaxamento, de potências motoras e da consciência da sua própria imagem corporal, dos outros e do meio ambiente, através da noção de tempo e espaço, da relação sócio-afetiva que acompanha diferentes tipos de comportamentos e das relações socioculturais contemporâneas.*

A dança é uma linguagem composta por um conjunto de ações motoras intencionais que ocorre em espaço e tempo estabelecidos. Nesse sentido, ressaltamos não existir uma ordem prioritária nos conteúdos a serem desenvolvidos.

Por exemplo, para escrever um texto eficiente e se comunicar por meio da escrita, é preciso saber escrever – ou seja, conhecer todas as letras do alfabeto, a formação das palavras, a conjugação dos verbos, a formação das frases –, e deter muito conhecimento sobre o conceito que queremos transmitir. Logo, quanto mais escrevemos, melhores ficamos nisso.

O mesmo ocorre quanto à dança. Para nos comunicarmos por meio da linguagem corporal, temos de conhecer as possibilidades do corpo em movimento em diferentes proposições, considerando diferentes tempos e espaços. Assim, quanto mais dançamos, melhor nos comunicamos.

Para um melhor entendimento dos fundamentos da dança, com base nos conceitos que já expusemos (linguagem corporal construída por uma sistematização de ações corporais, tempos rítmicos e espaços, com o objetivo de expressão e comunicação), apresentaremos os elementos que a estruturam.

Abordaremos os elementos tempo, espaço e intenção, bem como a ampliação das técnicas. Os conteúdos referentes à ação motora e aos processos pedagógicos, bem como às fases do desenvolvimento humano, serão desenvolvidos nos próximos capítulos.

Partindo dessas considerações, compreendemos que qualquer proposta de dança contém cada um desses elementos: ação corporal, tempo, espaço e intenção (Figura 3.2). Além disso, todas elas possibilitam o exercício e a exploração desses elementos de forma integrada.

Figura 3.2 Diagrama dos elementos estruturantes da dança

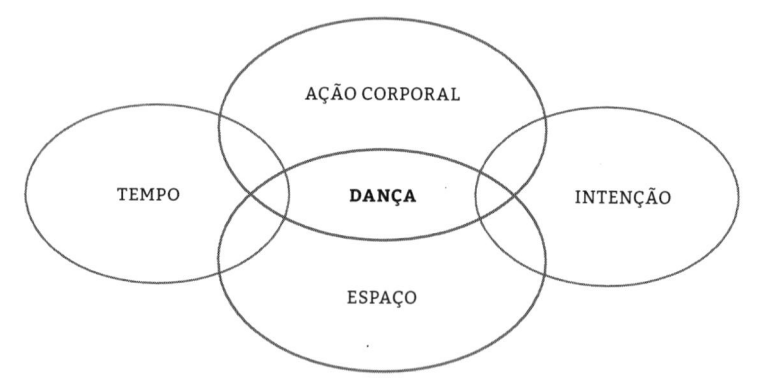

Como já comentamos amplamente nos capítulos anteriores, o universo da dança é imenso. As danças podem ser históricas, estar presentes nas brincadeiras das crianças e nas academias de dança, entre outros, além de se constituírem em diferentes estilos (balé, sapateado, *jazz*, dança contemporânea, dança de salão, entre outros). Elas estão embutidas no acervo popular cultural – o Brasil pulsa a dança. Ainda, são apresentadas nas grandes mídias, reproduzidas em festas, baladas ou, até mesmo, nas nossas próprias casas – enquanto faxinamos ou tomamos banho, por exemplo.

Com base em todas essas considerações, convidamos você, leitor, a analisar uma típica dança infantil: a ciranda. Como ponto de partida para o entendimento dessa rica linguagem corporal, apresentaremos uma breve discussão da presença dos elementos estruturantes da dança na ciranda.

Na infância, quase todas as crianças reconhecem uma roda de ciranda: de forma sequenciada, de mãos dadas e em círculos, elas repetem passos laterais cadenciados pelo ritmo das vozes cantadas.

Mas, afinal, a ciranda é uma dança? Sim! Inclusive, trata-se de uma manifestação pela qual as crianças dançam de corpo inteiro. No universo infantil, essa prática se estabelece com organizações de movimentos temporais, espaciais e intencionais.

Observe a seguir a cantiga popular *Ciranda, cirandinha*, que utilizaremos para exemplificar esse tipo de dança.

> Ciranda, cirandinha
> vamos todos cirandar
> Vamos dar a meia volta
> volta e meia vamos dar
> O anel que tu me destes
> era vidro e se quebrou
> O amor que tu me tinhas
> era pouco e se acabou
> Por isso, Dona Rosa,
> entre dentro desta roda
> Diga um verso bem bonito,
> diga adeus e vá-se embora.

Um olhar mais cuidadoso na análise dessa dança nos permite identificar a presença de elementos estruturantes nela.

Ao dançar a ciranda, tradicionalmente, as crianças executam passos cruzados laterais – ora com a presença dos dois pés no chão, ora saltitantes –, de mãos dadas, com o tronco e a cabeça acompanhando o movimento. Em determinado momento da música, todos se posicionam com todo o corpo voltado para o centro e batem palmas. Podemos identificar, dessa forma, quais são as ações corporais presentes na coreografia.

Aguçando nossa acuidade auditiva, podemos perceber a existência de 6 frases de 8 tempos rítmicos na cantiga *Ciranda, cirandinha*, com velocidade de moderada à rápida. As crianças executam movimentos nessas cadências entre as frases de 1 a 6 e param subitamente após o bloco das seis frases, reiniciando e repetindo novamente a melodia sucessivamente, até o fim da brincadeira ou coreografia.

No Quadro 3.1, apresentamos as frases cantadas e rítmicas da dança para a identificação dos tempos rítmicos. Tente exercitar!

Quadro 3.1 Frases rítmicas da dança da *Ciranda, cirandinha*

Frase	Melodia/Música cantada	Tempos
1	Ciranda, cirandinha, vamos todos cirandar	01 8t
2	Vamos dar a meia volta, volta e meia vamos dar	01 8t
3	O anel que tu me destes, era vidro e se quebrou	01 8t
4	O amor que tu me tinhas, era pouco e se acabou	01 8t
5	Por isso, Dona Rosa, entre dentro desta roda	01 8t
6	Diga um verso bem bonito, diga adeus e vá-se embora.	01 8t
Total		06 8t

Agora, vamos analisar o espaço onde toda a coreografia dessa ciranda acontece. Todos os participantes da dança se estabelecem em plano alto, ou seja, com o corpo estendido na vertical, em movimentos de trajetória circular com variações de direção, sendo elas: laterais (direita e/ou esquerda) e frontais para o círculo (nas frases 5 e 6). Na frase 5, um elemento do grupo se desloca para o centro do círculo.

A trajetória circular pode ser realizada nas direções direita (D) ou esquerda (E), entre as frases 1 e 4 (Figura 3.3):

Figura 3.3 Possibilidades de direções com trajetórias circulares

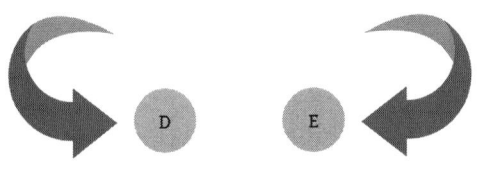

Observe na Figura 3.4 o deslocamento de um integrante para o centro da roda na frase 5.

Figura 3.4 Possibilidade de direção com trajetória retilínea frontal

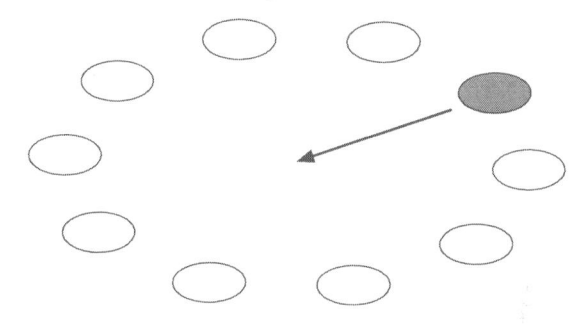

A intenção da dança da ciranda é nítida. A alegria e o prazer do brincar na dança estão muito presentes em todos os integrantes da brincadeira. A cada bloco, um elemento é deslocado intencionalmente para o centro da roda e incentivado a se comunicar verbal e corporalmente, continuando a brincadeira.

Essa intenção de movimentos – em outras palavras, a expressão corporal – é, como toda capacidade motora, inata e inerente à criança, que, nessa fase, comunica-se o tempo todo com seu corpo, expressando sentimentos, emoções e a maneira como compreende o mundo.

Tendo em vista essa análise, podemos conceituar a ciranda como uma manifestação de dança oriunda do acervo popular infantil, com todos seus elementos estruturantes, realizada mediante ações corporais, em tempos rítmicos e espaços determinados, para transmitir uma intenção.

Na ciranda, as crianças coreografam. Existe, nessa dança, uma sistematização que ocorre por meio de uma organização em formas de movimentos e ações, dinâmicas espaciais, tempos rítmicos estabelecidos e intenções – constituindo-se, por isso, numa produção coreográfica.

Sintetizando a presença dos elementos estruturantes da dança na ciranda infantil, temos:

- **Ação motora**: passos com afastamentos laterais e cruzados, com pequenos saltos; mãos dadas ou batendo de palmas; fluência.
- **Tempo rítmico**: 6 frases musicais de 01 8t.
- **Espaço**: deslocamentos laterais (direita e esquerda), com um deslocamento frontal na frase 5; trajetórias circulares; plano alto de ação do movimento.
- **Intenção**: alegria do brincar, presente na *performance* de cada criança da roda.

Nessa perspectiva da ciranda, reconhecemos que toda e qualquer manifestação de dança se constitui, como já mencionamos, em: **ações corporais** realizadas em **tempos rítmicos** e **espaços** determinados para transmitir uma **intenção do corpo**.

Nas seções a seguir, abordaremos especificamente os elementos estruturantes da dança: tempo, espaço e intenção. Além disso, dedicaremos os próximos capítulos à análise das possibilidades de ações corporais sistematizadas nos fundamentos da dança, com suas descrições e seus procedimentos pedagógicos.

3.2 O tempo na dança

Na dança, o tempo é compreendido por meio da exploração de diferentes possibilidades de ritmos, dos mais lentos aos mais rápidos, possibilitando aos alunos vivências rítmico-motoras diferentes do seu próprio ritmo individual. Tais vivências se constituem em novas aprendizagens na realização do movimento que, num trabalho em grupo, levam à adequação ao ritmo coletivo.

O ritmo se refere à capacidade do ser humano de compreender, organizar e interpretar estruturas temporais contidas na evolução de qualquer movimento. O ritmo depende, primariamente, do sistema nervoso central, e por isso é classificado como uma **capacidade coordenativa**.

As palavras *rhythmos*, do grego, ou *rhythmus*, do latim, significam um movimento regular de ondas, algo que flui num movimento regular ou cadenciado. Trata-se de um fenômeno dinâmico presente em todo o universo e no organismo humano, com alternância harmônica de acentos e declives, se organizados em duração e intensidade.

Por exemplo: você sabe que o sol nasce e se põe; que nosso coração tem uma média de 60 a 80 batimentos cardíacos em repouso, ritmados entre sístole e diástole; que inspiramos e expiramos o ar de nossos pulmões etc. Como é possível perceber, que toda ação tem um ritmo.

Todas as nossas ações ocorrem em determinado tempo e precisam ser organizadas dentro dele, e é o corpo o responsável por fazer a mediação entre espaço e tempo no meio ambiente. Tal organização esta relacionada aos órgãos sensório-motores, nossos canais de comunicação com o ambiente.

Nos movimentos cotidianos, a todo momento estamos explorando nosso ritmo individual, construído por processos biológicos, psicológicos, culturais e comportamentais que variam de pessoa para pessoa. Cada ser humano detêm ritmos pessoais que podem ser percebidos em habilidades como falar, pensar, ler, escrever, andar e digitar. Tais elementos constituem a forma pela qual cada pessoa se expressa corporalmente e se relaciona em suas diferentes esferas sociais.

Possibilitar o exercício e a vivência do ritmo individual no trabalho com a dança é contribuir para o desenvolvimento da percepção do movimento corporal em suas diferentes esferas. Além disso, conforme elucida Pallarés (1981, p. 9), ele "ativa o sistema neuromuscular, solicita movimentos respiratórios mais amplos, oportuniza situações de sociabilidade, permite aquisições cognitivas, auxilia o crescimento, aprimorando os movimentos".

Outro ponto importante a ser destacado diz respeito à relevância de se perceber que nossos movimentos corporais em ritmos individuais se relacionam com os desejos e as ações intencionais que queremos em nossa vida, por meio dos quais nosso corpo, com sua motricidade[1], busca formas de interação e intervenção no mundo em que vivemos.

O ritmo faz parte da natureza comunicativa humana. Uma criança, mesmo antes de nascer, se movimenta e se comunica com a mãe.

Dessa forma, reconhecemos que o ritmo e o movimento estão intrinsecamente relacionados. Sob essa ótica, a percepção e as orientações temporal e espacial do movimento se relacionam – como, quando e onde o corpo é movimento, considerando diferentes situações ou intenções.

As vivências de movimentos em diferentes ritmos possibilitam ao aluno o desenvolvimento de "uma organização perceptiva que leva ao domínio progressivo das relações espaciais" (Meur; Staes, 1984, p. 40), como ao ele perceber no seu próprio corpo estratégias motoras ou o quanto é preciso aumentar ou diminuir o ritmo das passadas para se posicionar em determinado espaço preestabelecido na dança. Em síntese, os movimentos em ritmos variados são componentes inerentes ao trabalho da dança e devem ser desenvolvidos.

A dança permite o exercício do ritmo individual do aluno ao mesmo tempo que possibilita a experimentação e vivência de ritmos desconhecidos ou não reconhecidos, dos mais lentos aos

---

[1] A ciência da motricidade humana, defendida por Manuel Sérgio (1996), tenta resolver os problemas ontológicos, epistemológicos e políticos que formaram a área de educação física.

mais rápidos, em diferentes cenários, contribuindo para o desenvolvimento da orientação espaçotemporal do corpo expressivo.

Essa orientação espaçotemporal diz respeito à tomada de consciência da situação do próprio corpo, considerando tempos, espaços e, ainda, a relação com objetos ou outras pessoas. O exercício da dança permite a experimentação de outras formas de tempo e espaço, provocando sensações diferentes das que já são conhecidas.

O ritmo individual tem características próprias integradas ao seu estilo pessoal. Por exemplo, um aluno que tem um ritmo individual mais lento pode conhecer a sensação de executar o movimento mais rápido; ainda, um estudante que naturalmente detém amplitude nos seus movimentos corporais consegue vivenciar movimentos mais restritos.

Tais vivências são formas de aumentar o repertório corporal expressivo do aluno; ou seja, o exercício da dança cria novas oportunidades para o sujeito se comunicar com o mundo que o cerca.

Outro elemento que merece análise se refere aos processos maturacionais de desenvolvimento na capacidade do ritmo. No ser humano, a organização espacial é primária e os conceitos temporais, compreendidos mais tardiamente.

Na criança, o ritmo é a base para as experiências espaciais, graças às quais ela passa a perceber sua ordenação e duração de acordo com os desafios propostos. Sob essa ótica, a criança "se depara com a necessidade de organizar-se, respeitando a sequência de ações e ajustando-as ao ambiente que, com frequência, transforma-se" (Mattos; Neira, 2007, p. 36). Assim, as possibilidades de vivência de ritmos diversos contribuem para a organização espacial da criança – fator a ser considerado nas intervenções do professor no trabalho com as crianças, em média, até 6 anos.

No trabalho com o movimento e o ritmo, ressaltamos o método de Rudolf Bode[2], que apresenta três aspectos fundamentais: (1) os movimentos corporais são totais, (2) podem ter alternância rítmica e (3) o ritmo aplicado deve garantir a economia e eficácia do movimento.

O movimento corporal deve estar integrado ao ritmo da música, e esse conhecimento só se torna possível por meio da ação no momento da experiência vivida, quando o corpo expressa a música pela compreensão do indivíduo em sua totalidade (Fonterrada, 2008). Além disso, a alternância de ritmos diversos permite novas experimentações, ao passo que o ritmo sincronizado gera a eficiência da ação motora.

Toda ação motora apresenta um ritmo que combina uma tensão e um relaxamento, ou seja, uma dinâmica sequenciada num constante subir e abaixar.

É importante ressaltar que quanto maior for a diversidade rítmica e de experimentações, maior será a contribuição para o aumento do repertório expressivo do aluno, em todos os aspectos já citados. Além disso, a música proposta nas aulas pode servir como um rico instrumentos para o trabalho interventivo do professor.

Você já observou que determinados sons ou músicas provocam diferentes sensações? Assim como as cores e os cheiros, os sons também despertam emoções, como prazer, alegria, saudade, tensão e medo – sensações que devem ser exploradas pelo professor na seleção da música para a proposta de trabalho.

Os sons agradáveis ou desagradáveis são construídos culturalmente mediante vivências individuais, provocando impressões e, até mesmo, efeitos fisiológicos e comportamentais corporais. Em outras palavras, ao se escutar determinada música, são

---

[2] Rudolf Bode (1881-1970) é considerado o criador da ginástica moderna, posteriormente denominada *ginástica rítmica*. Formado na escola de Émile Jacques-Dalcroze, Bode pensava que os movimentos eram desenvolvidos naturalmente por meio do exercício que preservava a unidade orgânica do corpo.

evocadas emoções tanto advindas da memória e da história de vida do ouvinte quanto manifestadas pelas próprias qualidades físicas do som, as quais são caracterizadas pela capacidade do ouvido humano de distinguir três propriedades: altura, intensidade e timbre.

A **altura**, mensurada em hertz (Hz)[3], pode ser definida como a capacidade de diferenciar os sons graves (com frequências menores e maior comprimento de onda) dos agudos (com frequências maiores e menor comprimento de onda) conforme ilustra a Figura 3.5.

Figura 3.5 Comprimento de ondas de sons graves e agudos

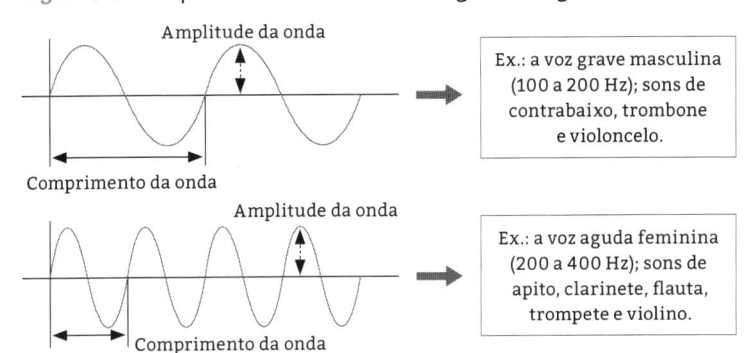

Amplitude da onda
Comprimento da onda

Ex.: a voz grave masculina (100 a 200 Hz); sons de contrabaixo, trombone e violoncelo.

Amplitude da onda
Comprimento da onda

Ex.: a voz aguda feminina (200 a 400 Hz); sons de apito, clarinete, flauta, trompete e violino.

Fonte: Kilhian, 2014.

A **intensidade**, mensurada em decibéis (dB)[4], pode ser definida como a capacidade de diferenciar os sons fracos dos fortes e é determinada pelo tamanho da amplitude da onda do som ou do ambiente (Figura 3.6). Por exemplo: um ambiente em silêncio quase absoluto tem zero dB; uma conversa realizada em entonação normal, 60dB; e um show com música alta, 120 dB.

---

[3] Hertz é uma unidade de medida para a descrição de qualquer evento periódico. Um hertz equivale a um ciclo por segundo.

[4] Decibel é a unidade utilizada para medir o volume do som/ambiente. Para mensurar esse volume, utiliza-se uma escala logarítmica que revela a intensidade do som em decibéis (dB).

Figura 3.6 Amplitude de ondas de sons fortes e fracos

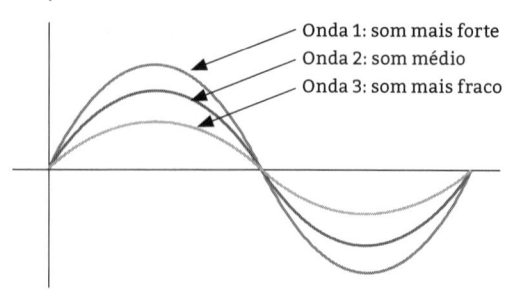

- Onda 1: som mais forte
- Onda 2: som médio
- Onda 3: som mais fraco

Fonte: Kilhian, 2014.

Por sua vez, o **timbre** pode ser definido como a qualidade física do som que permite ao ouvido diferenciar sons com a mesma altura e intensidade emitidos por fontes diferentes.

O conhecimento das qualidades do som é uma ferramenta para o professor em sua proposta de trabalho. Na seleção de uma música, deve-se considerar que:

- os sons graves ou agudos podem criar diferentes ambientes de sensações;
- um som mais forte ou fraco pode enfatizar ou atenuar determinadas expressões de movimentos corporais;
- os timbres estimulam distintas respostas expressivas corporais do aluno.

Em síntese, ritmo, som e música potencializam o trabalho de expressão corporal.

Até aqui, já discutimos que, no trabalho com a dança, devemos possibilitar intervenções que ajudem o aluno a exercitar tanto a percepção de seu ritmo individual quanto sua capacidade de adequar os movimentos corporais em outros ritmos. Além disso, também debatemos que as qualidades do som podem estimular diferentes propostas de trabalho.

3.3 A intenção na dança

A intenção na dança se traduz pelo exercício da expressão corporal compreendida na exploração da linguagem corporal e na produção de movimentos, frases e sequências coreográficas, de forma a transmitir sentimentos, valores, ideias ou informações.

A linguagem corporal é uma forma de comunicação humana em que o corpo está em constante diálogo com outros indivíduos ou com o meio ambiente, sem necessidade de oralidade. Por meio da postura, dos graus de tensão e das ações motoras, bem como da velocidade e energia, o corpo fala e transmite mensagens e sentimentos, manifestando-se continuamente e sendo influenciado pelo ambiente cultural que o cerca e pelos estímulos externos que recebe.

Ao observar pessoas andando na rua, um olhar mais atento pode trazer impressões singelas transmitidas pelo movimento corporal, por exemplo: a expressão da face; músculos tensos ou relaxados; a velocidade das ações motoras; o posicionamento do tronco. Ao assistir a uma palestra, perceba que o corpo do palestrante é responsável pela comunicação não verbal da mensagem transmitida.

A **expressão corporal** pode ser definida como a linguagem do ser humano na expressão de sentimento, comunicação e reconhecimento do próprio corpo, de forma integral e harmônica, sem fragmentações (Stokoe; Harf, 1987; Hass; Garcia, 2006, 2008). Logo, aprender sobre si mesmo é potencializar o corpo para a transmissão do que se sente, pensa e deseja.

No processo comunicativo, o corpo de cada pessoa apresenta um conjunto de signos inatos e culturalmente construídos que permitem a expressão de intenções e marcam a posição do sujeito na sociedade.

O trabalho de expressão corporal se caracteriza por reeducar o corpo que se comunica espontaneamente, tornando-o consciente de suas potencialidades sensoriais e de sua expressividade. Assim, quanto maior for o autoconhecimento corporal, maior será a capacidade de comunicação, movimentação e ação no ambiente.

Nesse sentido, desenvolver a expressão corporal no processo educativo é de extrema importância, uma vez que isso contribui diretamente para o acervo do aluno na construção de seu corpo expressivo e de sua história.

O trabalho de expressão corporal deve ter como princípio a retomada de consciência do corpo, isto é, dos sistemas muscular, articular, respiratório, circulatório e sensorial. Em suma, trata-se de voltar-se para si mesmo.

Como uma estratégia de trabalho, o professor pode estimular a atenção dos alunos para as partes do corpo que compõem determinado sistema, aguçando os órgãos sensoriais, que se constituem no meio de contato do corpo com o ambiente. Podemos citar como exemplos: prestar atenção nos sons, sentir cheiros, tocar partes do corpo e sentir o contato do corpo no solo.

A atenção à respiração também é um recurso significativo. No corpo humano, assim como em qualquer ser vivo, circula energia. Quando reprimimos sentimentos ou desajustamos as cadeias musculares, alimentamo-nos mal ou pouco dormimos, bloqueamos, em alguma parte do corpo, a circulação dessa energia. Nesse sentido, o trabalho de respiração e alongamento desperta nossas experiências sensoriais e motoras, fazendo essa energia circular.

Jogos de expressão ligados a estruturas simbólicas de espaços e situações diversas permitem exercitar, por meio de seus símbolos culturais construídos, outras experiências corporais, explorando e dominando uma forma dinâmica do mundo exterior.

As possibilidades de se colocar no lugar do outro, enfrentar desafios e experimentar sensações diversas com o corpo exercitam o ato de refletir sobre a ação motora e, ao mesmo tempo, auxiliam na construção de repertórios corporais num ambiente fictício, em que tudo é permitido. Por exemplo: um sujeito de característica mais retraída pode experimentar uma sensação corporal de liderança; da mesma forma, uma criança que sofreu maus-tratos corporais pode perceber que o toque pode ser, enfim, afetuoso.

Os jogos de mímica também são um ótimo exercício para explorar e reconhecer os próprios recursos expressivos corporais. Trata-se, pois, de aprender brincando, como na infância: a criança tem uma expressão corporal latente e mágica; para se comunicar, ela utiliza o corpo inteiro, a todo momento, revelando suas impressões e sensações. É essa expressão ingênua e rica que buscamos resgatar no trabalho com a dança na escola.

A expressão corporal é uma capacidade humana que se potencializa por meio de estímulos de comunicação com o meio. Na dança, a exploração de técnicas de autoconhecimento corporal e a interpretação tematizada de sensações, sentimentos, contextos e textos, das mais livres para as mais complexas, possibilitam a comunicação corporal consciente do aluno.

É importante mencionar que a dança como linguagem não se limita à aquisição de habilidades; pelo contrário, ela pretende alinhavar os movimentos corporais em propostas intencionais do corpo. Ou seja, as habilidades corporais do aluno devem se constituir como recursos para o exercício da expressão de diferentes temas.

No início deste livro, discutimos que as pessoas se expressam de forma natural e contínua, emitindo sentimentos, reações e mensagens. Essas diferentes formas observadas nas linguagens corporais devem ser exploradas pelo professor, provocando nos alunos diferentes reações musculares, amplitudes de movimento ou velocidade, tendo em vista os mais variados contextos.

Importante!

A capacidade de expressão corporal orienta um desenvolvimento contínuo de experiências de interpretação livres para os temas da dança e para a comunicação corporal consciente (Coletivo de Autores, 1992). Quanto ao desenvolvimento técnico, a capacidade de expressão corporal sugere a abordagem dos fundamentos de ritmo, espaço e energia do movimento, ressaltando a importância do conhecimento da técnica e dos passos da dança de forma reflexiva (Coletivo de Autores, 1992).

Dessa forma, o trabalho com a expressão corporal na dança possibilita o enriquecimento da comunicação corporal do aluno, constituindo-se como um importante conteúdo para a formação de cidadãos críticos e participativos na sociedade.

3.4 O espaço na dança

O espaço, na dança, é compreendido pelo domínio das estruturas espaciais, com o entendimento dos três elementos básicos de orientação dos movimentos do corpo: plano, direção e dimensão.

O **plano espacial** se relaciona aos níveis de altura referentes à linha média corporal (cintura) em que o movimento pode ser realizado. São eles: **plano alto**, **médio** ou **baixo**.

O plano alto se caracteriza por ações na linha da cintura ou acima dela – por exemplo: andadas ou saltos. Da mesma forma, o plano médio implica movimentos em que a forma é projetada abaixo da linha mediana, com o máximo de 50% do corpo em contato com o solo. O plano baixo, por sua vez, é definido pelo contato direto com o solo, como os rolamentos no chão.

A **direção** pode ser definida como o caminho percorrido pelo corpo no espaço onde se dança. A partir do core, região central do corpo, os movimentos podem ser realizados: para frente ou para trás; para as laterais direita ou esquerda; para as diagonais direita ou esquerda (frente ou trás); para cima ou para baixo; ou, ainda, com combinações entre as direções.

Por seu turno, a **dimensão**, na dança, pode ser descrita como a extensão plástica que o corpo adquire durante o movimento realizado considerando-se direções opostas. Diz respeito à largura, à altura e à profundidade do movimento. A Figura 3.7 apresenta as variações das dimensões relacionadas às direções dos movimentos.

Figura 3.7 Variações, na dança, das dimensões relacionadas às direções dos movimentos

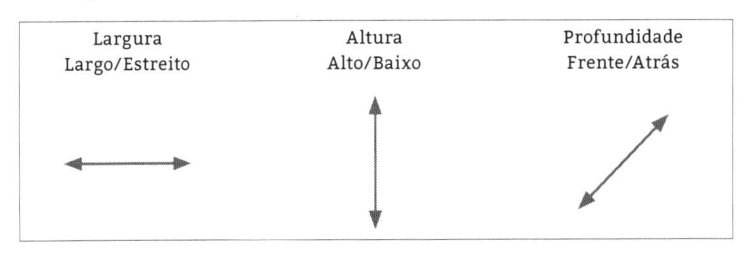

Largura	Altura	Profundidade
Largo/Estreito	Alto/Baixo	Frente/Atrás
←——→	↕	↗↙

A dinâmica da exploração do movimento nas estruturas espaciais (planos, direções e dimensões) permite o exercício das possibilidades, dos limites e das experimentações de ações expressivas que aumentam o repertório corporal na dança.

A partir da exploração dessas estruturas espaciais, podemos desenvolver a plástica dos deslocamentos e das formações no trabalho coreográfico.

Os deslocamentos se caracterizam pela sequência e pela forma intencional pela qual ocorre o movimento dos bailarinos mediante a combinação de estruturas espaciais. O retrato final, ou o desenho plástico apresentado no palco pelo grupo, define as formações.

3.5 Ampliação da técnica

Abordaremos, a seguir, algumas formas e estratégias de trabalho de instrumentalização que permitirão ao professor a ampliação de técnicas básicas dos movimentos corporais na dança. No entanto, salientamos que as estratégias apresentadas não são únicas, mas apenas propostas para o trabalho com a dança.

3.5.1 A contagem métrica

O ritmo coletivo, ou a adequação ao sincronismo corporal rítmico de um grupo, é inerente à dança como linguagem corporal. A habilidade da métrica dos diferentes sons e ritmos é uma ferramenta essencial para o professor desenvolver seu trabalho.

A métrica pode ser compreendida como a habilidade de ouvir a música e reconhecer seu ritmo (com seus acentos e declives) e seu pulso, de forma a estabelecer possibilidades harmônicas entre o ritmo que se ouve e o movimento executado.

Da mesma forma que a escrita de um texto exige frases com sujeito, verbo e predicado, com começo, meio e fim, nas linguagens musical e corporal também há uma lógica de signos que compõem a frase.

A habilidade de contar os pulsos de uma música para estabelecer uma lógica na melodia dividida em frases se faz necessária para a aula de dança. E, para tanto, o primeiro exercício consiste em ouvir diferentes tipos de ritmos e contar os tempos fortes da música, identificando as frases compostas por 8 (oito) t (tempos).

A melodia da música é estruturada por frases e blocos. Cada frase musical é composta por 8 tempos rítmicos, e o conjunto de frases forma um bloco ou uma parte singular da melodia dentro da música.

Figura 3.8 Frases e blocos musicais

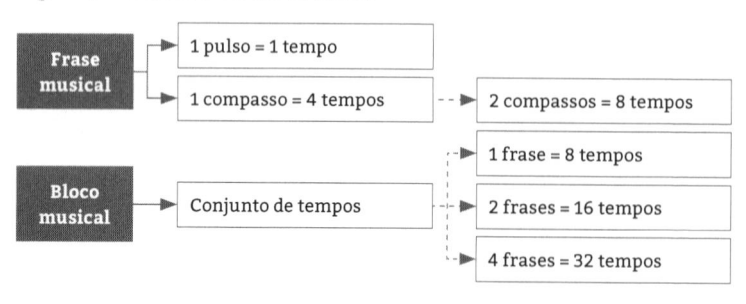

Frase musical	→	1 pulso = 1 tempo		
	→	1 compasso = 4 tempos	--▶	2 compassos = 8 tempos
			┌─▶	1 frase = 8 tempos
Bloco musical	→	Conjunto de tempos	├─▶	2 frases = 16 tempos
			└─▶	4 frases = 32 tempos

Como toda habilidade construída para a aprendizagem da métrica, ressaltamos a necessidade de se fazer exercícios que possibilitem o desenvolvimento tanto da capacidade de acuidade auditiva quanto da sensório-motora.

O ritmo é essencialmente sensório-motor, visto que a percepção sensorial-auditiva está intrinsecamente ligada à motora. Ao mesmo tempo em que uma frase ou o bloco rítmico muda, a proposta de sensações e construções corporais também se modifica, numa conexão entre as impressões do som e as expressões da linguagem corporal.

Proposta pedagógica

Num primeiro momento, escute uma música e se movimente no ritmo dela. Você perceberá e, naturalmente, identificará o pulso forte do som por meio de seus próprios movimentos. Uma vez que os pulsos fortes da música forem reconhecidos, identifique as frases de 8 tempos – perceba que, na maioria das canções, as frases musicais se estabelecem em 8 tempos na melodia. Torna-se possível, na sequência, realizar a contagem métrica da música, ou seja, dividi-la em frases de 8 tempos, formando blocos de acordo com a melodia.

Depois, tente separar a melodia em partes que façam sentido. Por exemplo: a introdução, os blocos e o refrão se caracterizam por iniciar e fechar um ciclo na melodia – essa divisão pode ser um instrumento pedagógico para a utilização da música ou de partes dela.

De toda forma, para a produção de uma sequência coreográfica, é importante identificar as frases musicais em 8 tempos e dividir os blocos. Para o trabalho com músicas, escute-as atentamente, quantas vezes for necessário, e perceba que as mudanças de melodia despertam ações corporais.

Tendo em vista os conceitos abordados, realize o mapeamento métrico da música "Ai menina", de Lia Sophia (2013), completando, inclusive, as informações que faltam no Quadro 3.2, pois esse é um aprendizado essencial para o trabalho com a música em sala de aula.

Para tanto, orientamos que, inicialmente, você escute a música e se movimente no ritmo dela para identificar o pulso forte. Na sequência, perceba que as frases se constituem de 8 pulsos fortes. Depois, diferencie-as contando quantas frases há na música. Para identificar a divisão dos blocos, observe que as frases formam estruturas harmônicas na melodia.

Escute a canção quantas vezes forem necessárias. Utilize papel e caneta para auxiliá-lo na contagem – saiba que o mapeamento métrico depende do exercício de acuidade auditiva.

No Quadro 3.2, apresentamos o mapeamento métrico da canção em questão. Você deverá ouvir a música seguindo as instruções indicadas e, em seguida, completar as informações do quadro nos campos "Frases (I = 8t)" e "Subtotal", bem como inserir o total de frases da música na linha que o encerra.

Quadro 3.2 Mapeamento métrico da música "Ai menina", de Lia Sophia

Blocos	Identificação na música	Frases (I = 8t)*	Subtotal**
Parte A/ Introdução	Instrumental		
Bloco 1	Menina, o que fazer [...]		
Refrão A	Ai menina, vem [...]		
Refrão B	Ai menina, vem [...]		
Parte B	Instrumental		
Bloco 2	Menina, o que fazer [...]		
Refrão C	Ai menina, vem [...]		
Refrão D	Ai menina, vem [...]		
Parte C	Instrumental		
Refrão E	Ai menina, vem [...]		

(continua)

(Quadro 3.3 – conclusão)

Blocos	Identificação na música	Frases (I = 8t)*	Subtotal**
Refrão F	Ai menina, vem [...]		
Refrão G	Ai menina, vem [...]		
Total de frases*** =			

* Cada "I" equivale a 8 pulsos/tempos.
** Total de frases "I" em cada bloco.
*** Total de frases na música.

A resposta desta tabela pode ser vista no Quadro 3.3, exposto a seguir. Observe-o e escute novamente a música, agora já ciente das divisões.

Quadro 3.3 Mapeamento métrico completo da música "Ai menina", de Lia Sophia

Blocos	Identificação da música	Frases (I = 8t)*	Subtotal**
Parte A/ Introdução	Instrumental	I–II–I–I	5
Bloco 1	Menina, o que fazer [...]	I– II–I–II	6
Refrão A	Ai menina, vem [...]	I–II	3
Refrão B	Ai menina, vem [...]	I–II	3
Parte B	Instrumental	I–I–I–I	4
Bloco 2	Menina, o que fazer [...]	I–II–I–II	6
Refrão C	Ai menina, vem [...]	I–II	3
Refrão D	Ai menina, vem [...]	I–II	3
Parte C	Instrumental	I–I–I–I	4
Refrão E	Ai menina, vem [...]	I–II	3
Refrão F	Ai menina, vem [...]	I–II	3
Refrão G	Ai menina, vem [...]	I–II	3
Total de frases*** = 46 frases de 8t			

* Cada "I" equivale a 8 pulsos/tempos.
** Total de frases "I" em cada bloco.
*** Total de frases na música.

Exercite e experimente esse exercício com outras músicas, pois se trata, como dissemos, de um aprendizado essencial para o profissional no trabalho com a dança.

3.5.2 Sincronia e assincronia

A forma como as ações corporais se sincronizam ou desajustam nas dimensões temporal e espacial, entre os integrantes de um grupo, pode ser um rico laboratório corporal. Por isso, o assunto em tela deve ser desenvolvido no trabalho com a dança, pois revela diferentes linguagens corporais.

Um mesmo movimento pode ser realizado de forma simétrica, assimétrica ou sucessiva.

Na dança, a **simetria** é caracterizada por movimentos executados pelos dançarinos ao mesmo tempo ou da mesma forma, simbolizando o sentido de grupo por meio de movimentos que expressam uma única mensagem. Por exemplo: uma dupla ou grupo que executa uma mesma movimentação.

De forma inversa, a **assimetria** na dança representa movimentos executados pelos dançarinos com a exploração de diferentes tempos rítmicos ou dimensões espaciais. Como linguagem corporal da dança, a assimetria indica que mensagens diferentes estão sendo passadas naquele instante entre os dançarinos do grupo. Por exemplo, num conjunto de 15 dançarinos, 5 podem executar uma frase corporal em 8 tempos, ao passo que os outros 10 podem executá-la em 4 tempos rítmicos e numa velocidade mais acelerada; ou 7 podem dançar em plano alto (em pé) e os outros 8, no chão, numa variação espacial.

A **forma sucessiva**, por sua vez, é caracterizada por movimentos executados pelos elementos do grupo em tempos sucessivos e da mesma forma – como num efeito dominó. Os movimentos denotam o sentido de que a ação acontece naquele momento, comunicando fluência e continuidade da ação.

Por exemplo, num grupo de 16 dançarinos enfileirados, em cada tempo (de 16), um pode cair para a lateral, de forma que, ao final dos 16 tempos, todos estarão no chão.

São inúmeras e interessantes as propostas de utilização das formas simétricas, assimétricas e sucessivas a serem trabalhadas na dança.

3.5.3 Explorando o espaço

A exploração do espaço, além de desenvolver a capacidade de orientação espaço-temporal, garante a dinâmica coreográfica, isto é, mais uma forma de comunicação com o corpo, e pode variar a partir de direções, trajetórias, planos e formações.

As direções são caracterizadas pelos pontos percorridos pelo corpo ou por partes dele no espaço em que se dança. Na Figura 3.9, ilustramos um diagrama das oito direções a serem exploradas. Ressaltamos que os espaços entre esses pontos também devem ser considerados.

Figura 3.9 Diagrama das direções dos deslocamentos

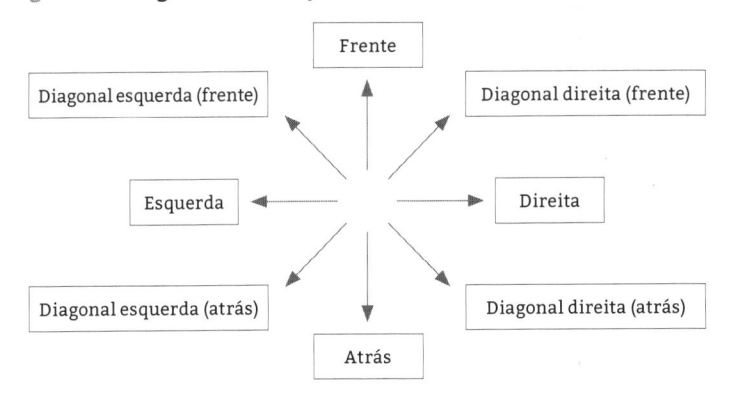

```
                    Frente
Diagonal esquerda (frente)      Diagonal direita (frente)
       Esquerda    ←→    Direita
Diagonal esquerda (atrás)       Diagonal direita (atrás)
                    Atrás
```

As trajetórias dizem respeito aos caminhos percorridos pelo corpo ou por partes dele no espaço em que se dança. Elas podem ser retilíneas, curvas ou desenhadas, conforme demonstra a Figura 3.10:

Figura 3.10 Diagrama das trajetórias dos deslocamentos

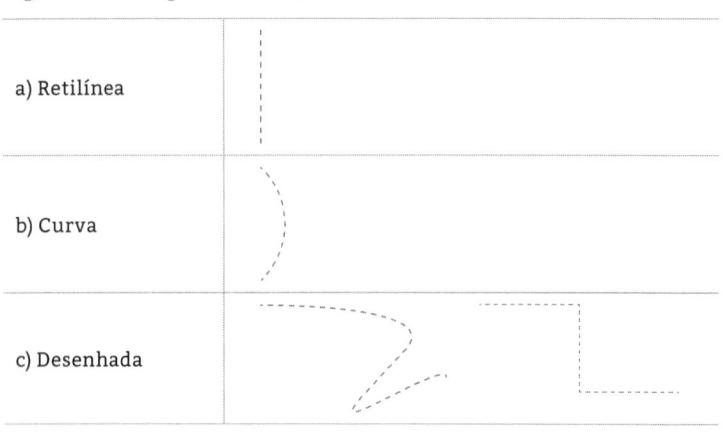

a) Retilínea	
b) Curva	
c) Desenhada	

O professor pode propor diferentes situações-problema aos alunos, tendo em vista os pontos de marcações de saída no solo. Com base nos fundamentos abordados, solicitar o deslocamento:

- em vários tempos rítmicos é possível (lentos ou rápidos);
- em diferentes direções (frente, trás, laterais ou diagonais);
- e em trajetórias diversas (retilíneas, curvas ou desenhadas).

Figura 3.11 Deslocamentos em 8 tempos explorando trajetórias circulares laterais

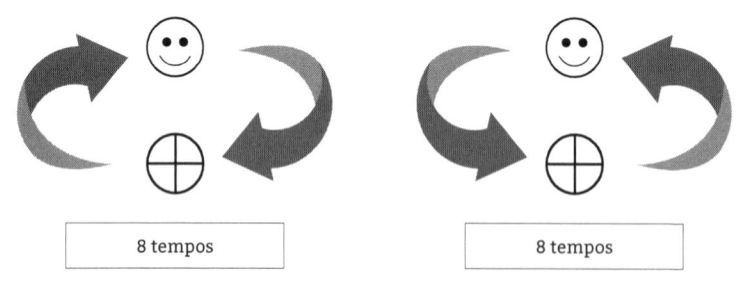

8 tempos   8 tempos

No exemplo de deslocamento em 8 tempos explorando trajetórias circulares laterais, o aluno deve sair e retornar à mesma posição em 8t em trajetória circular aberta (pela direita) e, em seguida, executar a mesma ação pela esquerda, somando 16 tempos ou 2 tempos de 8 (2 8t)

Figura 3.12 Deslocamentos em 8 tempos (em grupos) explorando trajetórias retilíneas, circulares e desenhadas

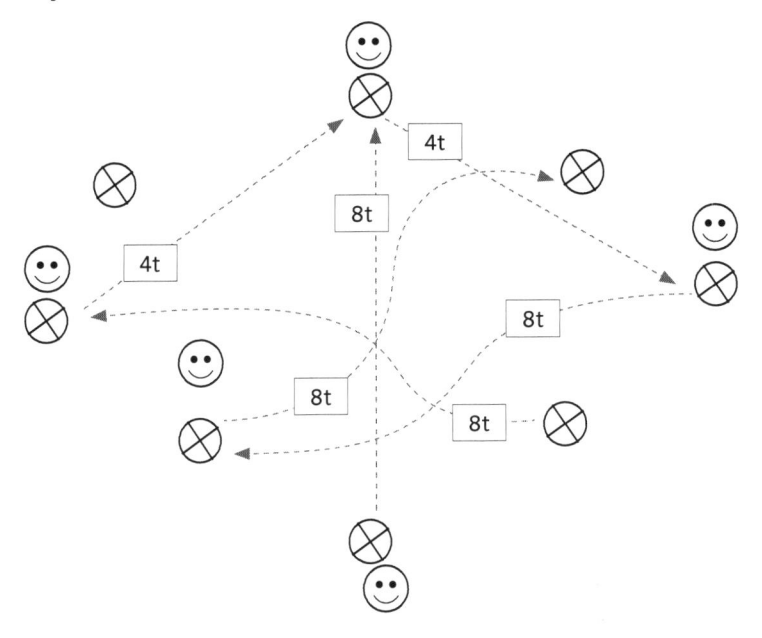

Na Figura 3.12, podemos perceber que os seis elementos do grupo se deslocaram pelo espaço em 8t em trajetórias diferentes. Note que, ao chegarem ao ponto final, os elementos formam desenhos com o corpo – são as denominadas *formações*, as quais devem ser exploradas no ensino da dança.

As formações podem ser: em fileiras, em colunas, em círculos ou intervaladas. Nelas, os grupos podem explorar diferentes direções espaciais: centro, laterais, diagonais – exemplos de formações de um grupo com 20 elementos.

Apresentamos, nas Figuras 3.13, 3.14 e 3.15, três tipos diferentes de formações que indicam sentidos expressivos a serem utilizados nas propostas coreográficas.

Figura 3.13 Exemplo de formação 1, com 18 bailarinos e três grupos distintos

Figura 3.14 Exemplo de formação 2, com 18 bailarinos dispersos em três fileiras no palco

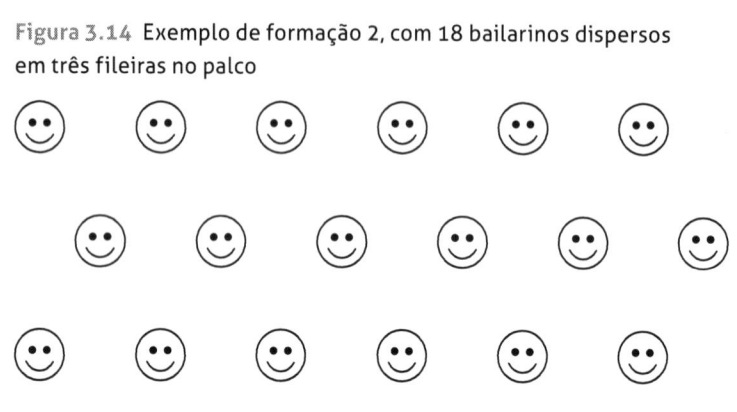

Figura 3.15 Exemplo de formação 3, com 18 bailarinos e três grupos distintos

Perceba que na formação 1, o foco de quem assiste passa para o centro do palco, e os elementos dos grupos da direita e da esquerda podem executar os mesmos movimentos na mesma direção (simétrica), em direções opostas (assimétricas) ou, ainda, em planos opostos (alto e baixo). Lembre-se, no entanto, que para manter o foco no centro – se essa é a ideia –, as laterais devem ser menos projetadas.

A formação 2 é a mais clássica utilizada nos trabalhos de dança. Nela, os elementos do grupos ficam intercalados.

Na formação 3, os elementos dos grupos à esquerda e à direita estão dispostos em formas circulares, e os que pertencem ao grupo do meio estão organizados em coluna. Observe que a coluna transmite uma sensação de ordem, de disciplina, ao passo que os círculos passam a ideia de mais flexibilidade – também podem ser explorados movimentos pelos quais os integrantes deixem o círculo.

O poder de criação é infinito. Essas são apenas algumas sugestões para a orientação de seu trabalho com os deslocamentos e as formações.

A exploração dos planos espaciais diz respeito aos movimentos realizados no solo: alto, médio ou baixo. No plano alto, podemos propor os mesmos movimentos realizados em pé, com uma semiflexão no plano médio ou, ainda, explorando o contato com o chão.

A seguir, apresentamos algumas propostas de exploração da largura, da profundidade e da altura do espaço na dança:

- Proposta 1: enquanto um grupo ou dupla executa as mesmas ações corporais do lado direito, outro grupo ou dupla as realiza do lado esquerdo, explorando a largura do espaço em que dançam.
- Proposta 2: um grupo ou dupla executa as mesmas ações corporais na frente, ao passo que o(a) outro(a) o faz no fundo do palco, explorando a profundidade do espaço em que se dança.

- Proposta 3: um grupo ou dupla executa as mesmas ações corporais no plano alto, ao passo que o(a) outro(a) no plano baixo, explorando a altura do espaço que se dança.

O exercício de vivência e reflexão das possibilidades de movimento consciente otimiza a capacidade de o aluno se expressar – não só na dança, mas também no seu cotidiano –, de se comunicar e de agir na sociedade.

Como observamos na linguagem da dança, todos os elementos se inter-relacionam, pois o corpo que dança e se expressa é uno. Cabe ao professor, dentro de seu planejamento, explorar as potencialidades corporais e expressivas nas aulas de Educação Física.

Por isso, suas intervenções na dança devem partir da ampliação das referências individuais e do repertório corporal dos alunos. Isso será importante para que as ações motoras dos estudantes construam uma linguagem, a ponto de que suas criações e improvisações forneçam subsídios para novas intervenções que contribuam para seus processos de atuação no ambiente.

Tais ações auxiliam na potencialização da dança como instrumento de fortalecimento do papel social, cultural e político do corpo em nossa sociedade. Segundo Marques (2001, p. 26), por meio de nossos corpos, aprendemos "quem somos, o que querem de nós, por que estamos neste mundo e como devemos nos comportar diante de suas demandas. Conceito e regras sobre gênero, etnia, classe social etc. estão/são incorporados durante nosso processo de ensino-aprendizado".

3.5.4 Qualidade do movimento

Ainda como forma de ampliação das técnicas de ações corporais na dança, apresentaremos aqui uma pequena amostra dos estudos de Rudolf Laban (1879-1958), que, no nosso entendimento, são imprescindíveis ao trabalho com esse tema.

Nascido na Áustria, Laban foi arquiteto, bailarino, coreógrafo e educador, e é considerado o pai da dança moderna. Sua metodologia é aplicada no mundo todo nas mais diferentes áreas de estudo do movimento, como a psicologia, as artes, a educação, a comunicação e a educação física.

Laban dedicou sua vida à pesquisa minuciosa do movimento humano. Entre seus estudos, identificou aspectos comuns a qualquer movimento, denominados *qualidades do movimento*. Segundo Laban (1978), há quatro fatores que imprimem qualidades específicas ao movimento: fluência, espaço, peso e tempo.

A **fluência** é a projeção de sentimentos e emoções no movimento humano que diz respeito aos aspectos da personalidade do indivíduo e de como ele interage com seu meio.

Nessa perspectiva, um movimento pode ter uma fluência livre, contínua e expansiva – a exemplo de um giro ou de um salto –, ou pode ter uma fluência estancada, fragmentada e restrita – como os movimentos característicos do *break* ou alguns movimentos do *funk*.

Já o **espaço** se refere à atenção e ao foco do indivíduo: como e onde ele se movimenta; de que forma ele se comunica e se relaciona com o outro e com o mundo à sua volta.

Segundo Rengel (2003), para Laban, o espaço pode ser: **direto**, definido por uma trajetória ou um ponto fixo, em que os movimentos são retos e lineares e não há torção dos membros e do tronco (por exemplo, valsa); ou **flexível**, definido por uma trajetória arredondada, ondulante e indireta, em que várias partes do corpo vão para diferentes lugares ao mesmo tempo, com o uso de torções.

As torções são definidas pelo uso mais amplo de todo o espaço tridimensional (altura, largura e profundidade) – como na dança da capoeira.

Das direções espaciais descritas por Laban (citado por Rengel, 2003), 27 indicam lugares no espaço e são experimentadas a partir do centro do corpo, nas três dimensões (altura, largura e profundidade).

Quanto aos níveis de altura espacial, eles podem ser: altos, médios ou baixos. A combinação de duas dimensões (como altura e largura) dá origem aos planos espaciais, denominados pelo autor como *plano vertical* ou *da porta* (predominância na altura); *plano horizontal* ou *da mesa* (predominância na largura); e *plano sagital* ou *da roda* (predominância na profundidade).

Por sua vez, o **peso** diz respeito à afirmação da vontade e estabilidade do movimento e está relacionado à autoconfiança e à segurança na conquista da verticalidade. Ele pode ser caracterizado da seguinte forma: leve – os movimentos para cima são mais fáceis e revelam suavidade e bondade; firme – os movimentos para baixo são mais fáceis e demonstram firmeza, tenacidade, resistência e/ou poder.

O **tempo** informa a intuição e a decisão de executar o movimento: "agimos agora ou não?", "Depressa ou devagar?". O tempo traz ao movimento um aspecto intuitivo da personalidade, pode ser (1) súbito ou rápido ou (2) sustentado ou lento.

Após termos discutido as qualidades do movimento oriundas dos estudos de Laban, um olhar mais atento permitirá que você perceba, nas pessoas que o cercam, que cada um tem uma forma característica de lidar com o espaço, um ritmo para andar ou falar (tempo), uma tensão para tocar algo (peso) e, ainda, uma forma de expressar essa totalidade de características referente ao fator fluência.

Essas qualidades do movimento estão presentes em todas as manifestações de dança, e a combinação delas dá origem ao repertório individual de movimentos de uma pessoa, o qual pode ser aperfeiçoado para que tais movimentos passem a ser refletidos, conscientes.

Perceber, identificar e possibilitar aos alunos a experimentação de formas de movimento é contribuir para o desenvolvimento deles em qualquer faixa etária.

Conhecendo e vivenciando as qualidades do movimento nos seus extremos – do livre ao controlado, do direto ao flexível, do leve ao pesado, do rápido ao lento –, torna-se possível construir mais recursos a serem utilizados na dança, com movimentos conscientes, contribuindo para o desenvolvimento da expressão corporal.

ⅲ *Síntese*

Neste capítulo, abordamos os fundamentos da dança como uma metodologia de ensino, com princípios norteadores teóricos e práticos para seu desenvolvimento.

Primeiramente, analisamos o tempo na dança, compreendendo que o ritmo é uma capacidade inata ao ser humano e intrínseca ao movimento corporal. No trabalho educativo, seu desenvolvimento possibilita a aquisição de novos tempos de execução da ação motora, contribuindo para o aumento do repertório corporal e expressivo do aluno.

Na abordagem do espaço na dança, identificamos que os planos, as direções e as dimensões são possibilidades de diferentes formas de execução a serem vivenciadas, com o objetivo de desenvolver, no aluno, seu potencial corporal motor e expressivo.

Além disso, identificamos a expressão corporal como uma capacidade do ser humano de se comunicar com o mundo. No processo educativo da dança, o aumento do repertório corporal expressivo do aluno pode contribuir para sua expressão e posição na sociedade.

Ainda, indicamos os recursos essenciais a serem explorados no trabalho com a dança para ampliar a técnica dos movimentos corporais expressivos: as formas (simétrica, assimétrica ou sucessiva) e os espaços (direções, trajetórias, planos, deslocamentos e formações). Por fim, apresentamos o trabalho da dança educativa de Rudolf Laban mediante os fatores do movimento, essenciais ao trabalho com essa temática.

III Indicações culturais

Livros

HASS, A. N.; GARCIA, A. **Expressão corporal**: aspectos gerais. Porto Alegre: EDIPUCRS, 2008.

Nesse livro, as autoras exploram o universo da expressão corporal, nos seus aspectos conceituais e históricos, como meio educativo.

LABAN, R. **Domínio do movimento**. 5. ed. São Paulo: Summus, 1978.

Nessa obra, Laban analisa profundamente o movimento humano, trazendo possibilidades de ampliação do repertório motor expressivo a serem utilizadas no ensino da dança. Os conceitos de tempo, espaço, peso e fluência do movimento são exemplificados de forma didática, constituindo-se como ricos subsídios para o processo de ensino-aprendizagem da dança. Trata-se de uma leitura importante para quem deseja se aprofundar nessa metodologia.

NANNI, D. **Ensino da dança**. 4. ed. Rio de Janeiro: Shape, 2003.

Nessa obra, Dionisia Nanni aborda o ensino-aprendizagem da dança nas aulas de Educação Física, partindo do aluno como centro da aprendizagem.

Sites

BARBATUQUES. Disponível em: <http://barbatuques.com.br/pt/>. Acesso em: 28 nov. 2018.

O Barbatuques é um grupo brasileiro de referência internacional em percussão corporal, com reconhecida pesquisa artística e pedagógica.

Vídeos

DESCOBRINDO os sons vol. 2. 31 mar. 2014. Disponível em: <https://www.youtube.com/watch?v=kx6kuYeQlVE>. Acesso em: 28 nov. 2018.

Esse vídeo apresenta exercícios práticos para o desenvolvimento da capacidade de timbre.

LABAN – Movimento. Direção: Leo Halsman. Brasil: FDE, 2016. 20 min. Disponível em: <https://www.youtube.com/watch?v=_YYm7nrow4w>. Acesso em: 25 set. 2018.

Esse documentário conta a história do movimento na humanidade, além de apresentar a teoria do movimento de Rudolf Laban na década de 1920.

■ Atividades de autoavaliação

1. Assinale a alternativa que identifica os elementos estruturantes da dança que alicerçam a metodologia dos fundamentos da dança:
   a) Ação corporal, espaço, tempo e profundidade.
   b) Expressão corporal, ritmo, coordenação e lateralidade.
   c) Ação corporal, espaço, tempo e intenção.
   d) Expressão corporal, criatividade, ritmo e métrica.
   e) Ação corporal, coordenação, talento e expressão.

2. Identifique se as afirmações a seguir são verdadeiras (V) ou falsas (F):

   ( ) Ao trabalhar o ritmo com crianças, o professor deve reconhecer os processos maturacionais de desenvolvimento na capacidade do ritmo, enfatizando as intervenções temporais para que, quando elas forem organizadas, ele possa realizar práticas de deslocamentos espaciais.

   ( ) O ritmo e o movimento são capacidades distintas e independentes, uma vez que o movimento é dependente de habilidades motoras e o ritmo, das percepções auditiva e temporal.

   ( ) O ritmo é a capacidade motora coordenativa do ser humano de compreender, organizar e interpretar estruturas temporais contidas na evolução de qualquer movimento.

( ) O trabalho com o ritmo desenvolve o aspecto sensório-motor, de forma a adaptar a audição de compassos e ritmos diferentes na identificação dos tempos fortes e fracos, promovendo uma economia de esforço para a realização do movimento.

( ) O desenvolvimento do ritmo na dança possibilita a aquisição de novos tempos de execução da ação motora, contribuindo para o aumento do repertório corporal e expressivo do aluno.

Agora, assinale a alternativa que corresponde à sequência correta:

a) F, F, V, V, V.
b) F, V, F, V, V.
c) V, V, F, F, V.
d) F, F, F, V, V.
e) V, F, V, V, F.

3. A simetria a assimetria e a forma sucessiva são caracterizadas na dança como formas de sincronização dos movimentos executados pelos dançarinos nas dimensões tempo e espaço. Tais formas, respectivamente, denotam:

a) Linguagens diferentes; sentido de grupo com a mesma mensagem; presença viva da ação.
b) Presença viva da ação; sentido de grupo com a mesma mensagem; linguagens diferentes.
c) Sentido de grupo com a mesma mensagem; linguagens diferentes; presença viva da ação.
d) Sentido de grupo com a mesma mensagem; presença viva da ação; linguagens diferentes.
e) Linguagens diferentes; presença viva da ação; sentido de grupo com a mesma mensagem.

4. Indique se as afirmações a seguir são verdadeiras (V) ou falsas (F):

( ) As trajetórias dizem respeito às variações espaciais nos caminhos percorridos no espaço da dança e se caracterizam como retilíneas, curvas ou desenhadas.

( ) As qualidades do movimento estão presentes em todas as manifestações de dança, e a combinação delas dá origem ao repertório individual de movimento de uma pessoa, o qual pode ser aperfeiçoado, passando a ser refletido e consciente.

( ) A sincronização no espaço, além do desenvolvimento da capacidade de orientação espaço-temporal, garante a dinâmica coreográfica a partir de direções, trajetórias e planos.

( ) A métrica se refere à habilidade de ouvir a música, contar os tempos e reconhecer seu ritmo, com seus acentos e declives, de forma a estabelecer possibilidades harmônicas entre o ritmo que se ouve e o movimento executado.

( ) Para Laban, a fluência do movimento diz respeito à projeção de sentimentos e emoções manifestada no movimento humano, que se refere aos aspectos da personalidade e à sua totalidade. Os movimentos podem ser caracterizados como livres, expandidos ou controlados.

Agora, assinale a alternativa que corresponde à sequência correta:

a) V, F, V, F, V.
b) F, V, V, V, F.
c) F, F, F, V, V.
d) V, F, F, F, V.
e) V, V, V, V, V.

5. Num processo coreográfico, enquanto um grupo dança do lado direito, o outro está do lado esquerdo; ao mesmo tempo, uma dupla dança à frente, ao passo que a outra se localiza no fundo do palco. Nesse sentido, a exploração espacial se configura, respectivamente, em:

a) Altura e profundidade.
b) Profundidade e largura.
c) Largura e profundidade.
d) Largura e altura.
e) Profundidade e altura.

▪ Atividades de aprendizagem

Questões para reflexão

1. Observe atentamente o movimento de algumas pessoas desconhecidas caminhando na rua e anote as qualidades dos movimentos observados no rosto e no corpo (rápidos ou lentos; tensos ou relaxados). Em seguida, discuta suas percepções com seus pares.

2. Procure, entre suas fotografias, duas imagens: uma que seja sua melhor foto e outra em que você não queria ter aparecido. Analise as formas de expressão de seu corpo nas imagens selecionadas, buscando as tensões musculares, a amplitude de articulações e membros corporais, os olhares e outras percepções, e relacione suas impressões com os momentos vividos nas épocas em que tais fotografias foram tiradas.

Atividade aplicada: prática

1. Tendo em vista os conceitos abordados neste capítulo, elabore quatro frases corporais identificando oito tempos de deslocamento em cada uma. Para tanto, considere um grupo de vinte alunos, sendo: (1) uma frase para composição de uma formação; (2) uma frase com movimentos simétricos identificando os tempos e as ações corporais; (3) uma frase assimétrica identificando o tempo e as ações corporais; (4) uma frase identificando uma formação final do grupo.

Capítulo 4

As ações corporais
da dança – Parte I

Nada é mais revelador que o movimento.

Martha Graham

Neste capítulo, apresentaremos as ações corporais fundamentadas na exploração e no estudo de movimentos articulares e de combinações construídas que são usados nas diferentes modalidades de dança.

Nas diferentes manifestações de dança, os movimentos recebem nomenclaturas variadas. Cada estilo apresenta signos corporais próprios, os quais foram – e permanecem sendo – culturalmente sistematizados.

Cientes das fontes inesgotáveis de movimentos na dança, nosso principal objetivo é que o professor reconheça as possibilidades de movimento, apropriando-se de um corpo teórico-prático de conhecimentos que possibilite um ponto de partida para esse trabalho.

Para tanto, o reconhecimento anatômico e cinesiológico é imprescindível. Dessa forma, abordaremos, inicialmente, as subdivisões básicas do esquema corporal, identificando as articulações e possibilidades de movimentos. Na sequência, buscaremos reconhecer e ilustrar com imagens as principais ações que podem ser feitas com a cabeça, o tronco, os ombros e os membros superiores.

As ações com membros inferiores e os principais movimentos construídos serão abordados no Capítulo 5.

4.1 Os movimentos articulares corporais

O corpo humano tem a capacidade de se movimentar por meio de suas articulações. Assim, o reconhecimento do aparato locomotor possibilita a experimentação de movimentos isolados ou construídos a serem utilizados na dança.

A análise de uma sequência de movimentos coreográficos permite a observação de combinações de passos que, no conjunto, expressam uma mensagem. Tais passos podem ser característicos de um estilo de dança ou herdados de outros, além de serem construídos e sistematizados ao longo desse processo.

Os passos de dança, como o *battement*[1] do balé clássico, o *prock* básico[2] da dança de rua, o quadradinho[3] do *funk* e o pezi-

---

[1] Deriva do termo *bater*, um movimento do balé clássico pelo qual a perna é lançada ao ar e retorna à posição inicial.

[2] Movimentos da dança de rua que são realizados na posição em pé, com passos cruzados em assimetria com os braços.

[3] Movimento do *funk* caracterizado pela circundução do quadril em oito fases.

nho[4] do carimbó, vão sendo socialmente construídos e absorvidos (ou não) pelos alunos com base em suas experiências. Todos esses passos são construídos, essencialmente, de forma intencional e expressiva, alicerçados nas possibilidades de movimentos das articulações. De acordo com Laban (1978, p. 53), "é importante não apenas tornar-se ciente das várias articulações do corpo e do seu uso na criação de padrões espaciais e rítmicos, mas também aperceber-se do estado de espírito e da atitude interna produzidas pela ação corporal".

Na dança, o trabalho com o movimento das articulações deve ser entendido como possibilidades de frases corporais que podemos realizar, tanto com partes do corpo tomadas isoladamente – de forma a despertar a percepção corporal individual – quanto em conjunto – para auxiliar na construção de movimentos significativos.

As articulações corporais possibilitam movimentos que traduzem diferentes linguagens, num processo de construção e desconstrução, tendo em vista as propostas de vivências de novas construções corporais, de gestos socialmente codificados no cotidiano ou, ainda, de movimentos sistematizados nas múltiplas modalidades de dança.

Apresentaremos, na Figura 4.1, as subdivisões básicas do esquema corporal por meio das principais articulações e possibilidades de movimentações, tendo em vista os planos e eixos anatômicos a serem explorados na construção das ações na dança.

Para fins didáticos, dividimos o corpo humano em quatro partes: cabeça, tronco, membros superiores e membros inferiores; bem como apresentamos, de forma sucinta, cada uma das ações motoras relacionadas a essas partes.

---

[4] Movimento do carimbó pelo qual um pé toca na frente e retorna com a projeção do quadril.

Figura 4.1 Esquema corporal: possibilidades de movimentos a partir das articulações

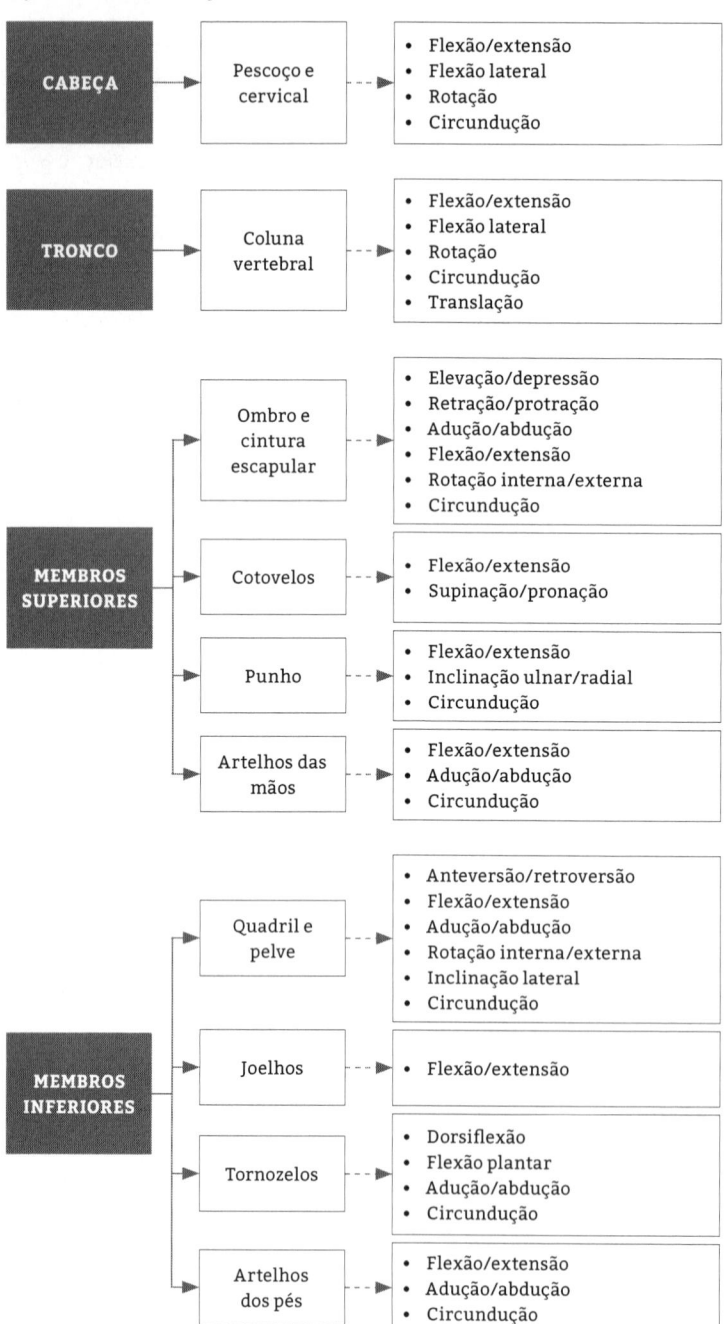

CABEÇA → Pescoço e cervical
- Flexão/extensão
- Flexão lateral
- Rotação
- Circundução

TRONCO → Coluna vertebral
- Flexão/extensão
- Flexão lateral
- Rotação
- Circundução
- Translação

MEMBROS SUPERIORES

→ Ombro e cintura escapular
- Elevação/depressão
- Retração/protração
- Adução/abdução
- Flexão/extensão
- Rotação interna/externa
- Circundução

→ Cotovelos
- Flexão/extensão
- Supinação/pronação

→ Punho
- Flexão/extensão
- Inclinação ulnar/radial
- Circundução

→ Artelhos das mãos
- Flexão/extensão
- Adução/abdução
- Circundução

MEMBROS INFERIORES

→ Quadril e pelve
- Anteversão/retroversão
- Flexão/extensão
- Adução/abdução
- Rotação interna/externa
- Inclinação lateral
- Circundução

→ Joelhos
- Flexão/extensão

→ Tornozelos
- Dorsiflexão
- Flexão plantar
- Adução/abdução
- Circundução

→ Artelhos dos pés
- Flexão/extensão
- Adução/abdução
- Circundução

■ Movimentos com a cabeça

Os movimentos com a cabeça são realizados por meio da articulação do pescoço, com a coluna na porção cervical, bem flexível. São eles: flexão e extensão; flexão lateral; rotação; e circundução.

Na flexão do pescoço, a cabeça é projetada para frente, com aproximação do queixo em direção ao tórax; na extensão inversa, a cabeça é conduzida para trás, com afastamento do queixo em relação ao tórax.

O movimento de flexão lateral se caracteriza pela inclinação da cabeça nas direções laterais (direita ou esquerda), de forma a aproximar a orelha do ombro.

A rotação da cabeça se caracteriza pelo direcionamento do olhar para as laterais (direita ou esquerda).

A circundução é a soma dos movimentos de flexão, rotação unilateral e extensão.

■ Movimentos com o tronco

Os movimentos com o tronco são realizados pela coluna vertebral, que tem suas vértebras fixadas no esterno através das costelas compondo a caixa torácica. Dessa forma, os movimentos são realizados em blocos. São eles: flexão e extensão; inclinação lateral; rotação; circundução; e translação.

Na flexão, o tronco é projetado para frente e para baixo; no movimento de extensão, projeta-se o corpo para trás e para cima; e na inclinação, para as laterais (direita ou esquerda). A união dos quatro movimentos compreende a circundução.

Na rotação, o tronco gira sobre seu próprio eixo para a direita ou para a esquerda; na translação, ele executa um deslizamento das vértebras para frente, para as laterais e para trás.

■ Movimentos com os membros superiores

O **ombro** executa os movimentos de flexão quando o braço é projetado para frente e para cima. Nos movimentos de extensão, por sua vez, o braço é movimentado para trás do corpo e para baixo. A elevação consiste no deslocamento do ombro para cima e para frente e a depressão, no movimento contrário: para baixo.

A abdução diz respeito ao movimento pelo qual o braço é levado à lateral do corpo, no sentido para cima. A adução, por sua vez, é o movimento pelo qual o braço é aproximado da porção medial do corpo, provocando uma inclinação lateral do tórax para o lado em que se realiza o movimento. Os ombros ainda podem realizar a rotação interna, na qual são projetados para frente, e a externa, na qual são jogados para trás.

A junção dos movimentos de elevação, adução, depressão e abdução caracteriza a circundução do ombro.

O **cotovelo** realiza o movimento de flexão, com a aproximação do braço em relação ao antebraço, e de extensão, com o afastamento do braço em relação ao antebraço. O cotovelo também executa movimentos de supinação, com a palma da mão voltada para baixo, e de pronação, com a palma da mão voltada para cima.

Os **punhos** operam os movimentos de flexão, levando os dedos das mãos no sentido para frente e para cima, e de extensão, projetando os dedos das mãos para baixo e para trás. Além disso, os punhos podem executar a inclinação ulnar, em que o dedo mínimo é levado em direção ao antebraço na direção medial, ou de inclinação radial, com o polegar inclinado em direção ao antebraço (lateral). A junção dos movimentos de flexão, inclinação ulnar, extensão e inclinação lateral resulta na circundução.

Os **artelhos das mãos** realizam os movimentos de flexão, fechando-as, e de extensão, estendendo-as. Ainda, eles podem executar a adução, de forma a unir os dedos na direção medial, e a abdução, com o afastamento dos dedos no sentido lateral. Da mesma forma, a junção desses quatro movimentos resulta na circundução.

■ **Movimentos com os membros inferiores**

Com os membros inferiores, as principais ações motoras acontecem no quadril, nos joelhos, nos tornozelos e nos artelhos dos pés.

O quadril realiza os movimentos de flexão e extensão; adução e abdução; anteversão e retroversão; inclinação lateral; rotações interna e externa; e circundução.

No movimento de flexão do **quadril**, a coxa se aproxima da parte anterior do tronco; no de extensão, as partes posteriores da coxa se aproximam da porção posterior do tronco. O movimento no qual a coxa se desloca medialmente se chama *adução*; por sua vez, o movimento pelo qual a coxa se estende na porção lateral se chama *abdução*.

As rotações externa e interna do quadril são, respectivamente, os movimentos pelos quais o fêmur gira para fora – as chamadas *posições en dehors*, na dança – e para dentro – os pés são orientados medialmente.

Na anteversão, a espinha ilíaca é projetada para frente, acentuando a lordose lombar; na retroversão, pelo contrário, ocorre um encaixe pélvico oposto à lordose. Na inclinação lateral, o quadril é projetado para as laterais (direita ou esquerda). A união desses quatro movimentos resulta na circundução do quadril.

Já as movimentações dos **joelhos** são: flexão, com a aproximação das porções posteriores da perna e da coxa; e extensão, em que ocorre o afastamento dessas mesmas porções posteriores.

O **tornozelo** realiza os movimentos globais do pé. São eles: dorsiflexão; flexão plantar; abdução e abdução; e circundução.

A dorsiflexão se refere ao movimento dos dedos em direção ao dorso do pé (movimento de *flex*, na dança); a flexão plantar, ao movimento em direção à planta do pé (ação de ponta, na dança). Os tornozelos ainda fazem a adução – movimento do pé em direção à porção medial – e a abdução – ação em direção à lateral. A junção desses quatro movimentos resulta na circundução do tornozelo.

Por fim, os **artelhos dos pés** realizam os movimentos de flexão (os dedos se contraem para baixo) e de extensão (os dedos se alongam, como que esticados), bem como os de adução (os dedos se unem na direção medial) e de abdução (ocorre o afastamento dos dedos no sentido lateral). A junção desses quatro movimentos resulta na circundução.

A experiência dessas ações é um tema rico para as aulas de dança. Sugerimos que as propostas sejam realizadas com a alternância de formas isoladas e blocos construídos.

Para a organização desses conteúdos, apresentamos no Quadro 4.1 as principais ações corporais a serem exploradas como subsídios teóricos e práticos para o professor no trabalho com a dança envolvendo os membros superiores. São seis temas explorando variações de formas na dança, que compõem movimentos de cabeça, tronco, ombros e membros superiores. Tais movimento devem ser explorados em suas dimensões espaciais, temporais e expressivas.

Quadro 4.1 Ações corporais com ênfase na cabeça, no tronco, nos ombros e nos membros superiores

Nº	Movimentos/temas	Variações de formas
1	Cabeça	Exploração das ações articulares e expressão facial. Posição preparatória: 1ª, 2ª, 3ª, 4ª, 5ª
2	Tronco	Expandida, contraída, inclinada, deslizada e em circundução
3	Ombros e cintura escapular	Fechadas e abertas
4	Braços (balé)	Posição preparatória: 1ª, 2ª, 3ª, 4ª, 5ª
5	Braços (*jazz*)	Posição preparatória: 1ª, 2ª, 3ª, 4ª, 5ª
6	Mãos	Exploração das ações articulares; mãos fechadas e abertas

Ressaltamos que, além das possibilidades expostas no Quadro 4.1, existem inúmeras combinações de movimentos articulares que devem ser igualmente exploradas.

4.2 Posições básicas da cabeça

A cabeça tem um papel fundamental na linguagem corporal. Seus movimentos articulares carregam as expressões faciais do dançarino. A seguir, nas Figuras 4.2 e 4.3, apresentamos as principais movimentações de cabeça utilizadas na dança.

Figura 4.2 Flexão e extensão do pescoço

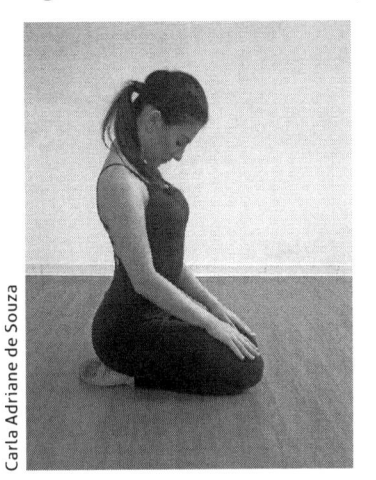

Figura 4.3 Inclinações laterais de pescoço

Observe que os movimentos apresentados – flexão, extensão e inclinação lateral –, quando somados, resultam na circundução, que pode ser realizada tanto no sentido horário quanto no anti-horário. Tais movimentos também podem ser combinados ou sequenciados, transformando-se em inúmeras variações para compor uma frase coreográfica, de forma isolada ou em sincronia com outros movimentos articulares.

Tais movimentações foram compartimentadas com a finalidade de servirem como recurso didático.

Importante!

A cabeça do bailarino ou dançarino carrega em sua face sinais de emoções; logo, expressões de medo, alegria, dor, poder, dúvida, domínio, entre tantos outros sentimentos, contribuem fortemente para a mensagem que a dança pretende transmitir. O importante é compreender que a expressão facial compõe as ações corporais como um todo na coreografia.

4.3 Movimentos de tronco

O tronco é a parte central do corpo e exerce consideráveis funções, como: sustentação por meio da coluna vertebral; proteção por meio da estrutura da caixa torácica; conexão, que resulta da ligação do tronco com outras partes do corpo – cabeça, membros superiores e inferiores; e, por fim, movimentação, permitida a partir do trabalho conjunto de articulações e músculos.

Devido à mobilidade articular da coluna vertebral, o tronco é capaz de realizar movimentos nos três planos: sagital, transversal e frontal, bem como nos e eixos látero-lateral, ântero-posterior e céfalo-caudal.

Nesta seção, da Figura 4.4 à Figura 4.9, apresentaremos e descreveremos algumas das possibilidades de ações corporais com o tronco na dança.

Na Figura 4.4, o tronco está inclinado lateralmente para a direita (flexão lateral do tronco) – o movimento também pode ser realizado para a esquerda.

Figura 4.4 Tronco inclinado para a lateral direita

Carla Adriane de Souza

O tronco contraído (Figura 4.5) é um movimento em que o abdômen se contrai e a região dorsal se expande. Em outras palavras, esse movimento trabalha com as curvas permitidas pelo tronco através da flexão (para frente), denotando sensações expressivas de introversão e aperto.

Figura 4.5 Tronco contraído

O tronco expandido (Figura 4.6), pelo contrário, refere-se a um movimento de ampliação do tronco em que o abdômen se estende e a região dorsal se contrai. Isso significa que esse movimento trabalha com as curvas permitidas pelo tronco através da extensão (para trás), denotando espaço e crescimento dentro da linguagem corporal.

Figura 4.6 Tronco expandido

A torção (Figura 4.7) é um movimento caracterizado por uma rotação maior na região torácica da coluna vertebral. Esse movimento busca, literalmente, torcer o corpo, imprimindo sensações opostas, dilaceramento e distorções na linguagem corporal.

Figura 4.7 Tronco torcido

O tronco alongado (Figura 4.8) é caracterizado pelo alinhamento das curvaturas da coluna vertebral. Nesse movimento, o tronco busca seu melhor alinhamento: mantendo o tronco em 90° com as pernas (no formato similar ao de uma mesa); ou crescendo enquanto se mantém a postura.

Figura 4.8 Tronco alongado

O tronco deslizado (Figura 4.9) se refere ao ato da translação, movimento pelo qual as vértebras torácicas deslizam umas sobre as outras para os lados, bem como para frente e para trás. O deslocamento (articular) é mínimo, porém, observa-se um movimento amplo da estrutura em sua totalidade e o movimento específico das costelas.

Figura 4.9 Deslize de tronco

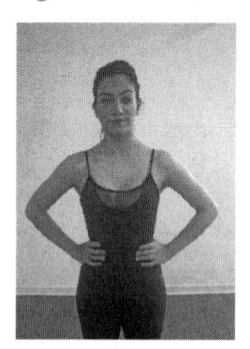

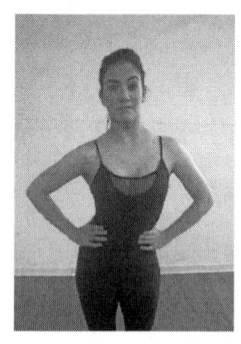

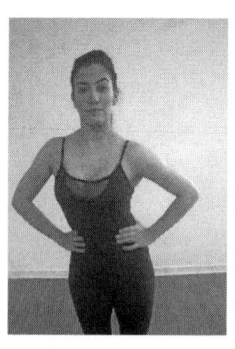

Carla Adriane de Souza

Assim como as demais partes do corpo, o tronco também apresenta movimentos isolados.

No processo de ensino-aprendizagem de dança, o desenvolvimento de propostas isoladas com partes do corpo, bem como de possibilidades articulares, pode aumentar o repertório motor dos alunos, possibilitando a inserção de tais movimentos em frases coreográficas que trabalham com outras ações corporais.

Durante o processo de ensino-aprendizagem, o professor deve proporcionar a maior vivência possível desses movimentos pelos alunos, respeitando sempre a mobilidade articular de cada um.

O objetivo do trabalho é atingir a melhor qualidade possível dos movimentos, para que, gradativamente, tais ações corporais sejam realizadas em combinações mais complexas dentro de um espaço e tempo, além de contextualizadas em ações expressivas.

4.4 Movimentos de ombro

A cintura escapular é uma articulação funcional que permite a junção dos membros superiores e do tórax, que se constituem em grupamentos de fontes inesgotáveis de possibilidades de movimentos. Apresentaremos alguns deles nas figuras a seguir.

No movimento de flexão do ombro exposto na Figura 4.10, o braço foi projetado para frente e acima da cabeça, com leve afastamento (abdução lateral). Ações com os braços abertos e projetados acima da cabeça num plano alto exprimem sensações de expansão.

Figura 4.10 Flexão de ombros com abdução lateral

Carla Adriane de Souza

Neste movimento de extensão de ombro (Figura 4.11), os braços são projetados para baixo (depressão) e para trás, com o peito levado para frente (retração das escápulas). Ao mesmo tempo, tal movimento também exprime expansão, porém, em preparação para a ação ou, ainda, como resultado de alguma ação. Observe que o corpo pode exprimir diferentes frases no contexto coreográfico.

Figura 4.11 Extensão de ombros

O movimento de elevação de um ombro e depressão do outro (Figura 4.12) é caracterizado como assimétrico, visto que as duas laterais do corpo realizam, ao mesmo tempo, forças opostas.

Figura 4.12 Elevação do ombro direito e depressão do ombro esquerdo

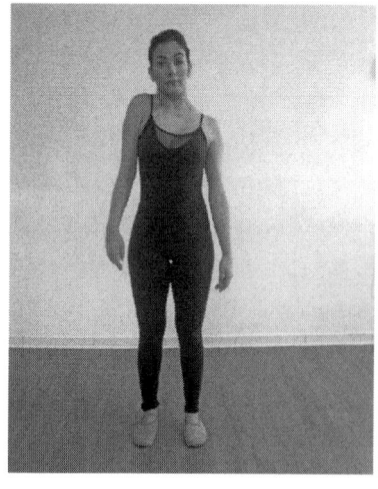

O movimento de abdução dos ombros com a cabeça voltada para cima (Figura 4.13) exprime expansão, configurando sensação e posicionamento de entrega, amplitude ou prontidão.

Figura 4.13 Abdução do ombro com a cabeça voltada para cima

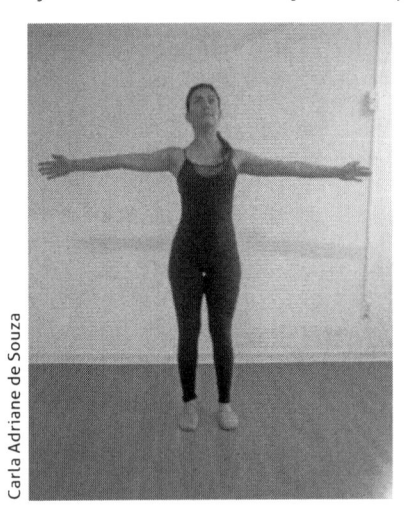

Carla Adriane de Souza

Por outro lado, o movimento de adução dos ombros com a cabeça voltada para baixo (Figura 4.14) exprime redução, recolhimento, absorção, tristeza ou contenção.

Figura 4.14 Adução do ombro com a cabeça voltada para baixo

Carla Adriane de Souza

4.5 Movimentos com os membros superiores

Quanto aos membros superiores na dança, apresentaremos a exploração dos movimentos sistematizados pelos estilos balé e *jazz*, bem como a rica expressividade das mãos na dança.

Utilizaremos as posições básicas de braços das referidas modalidades como referências de saída para as frases coreográficas e para possibilidades de vivenciar, de formas bem antagônicas, as qualidades do movimento. O balé parte de ações *en dehors*, em diagonais abertas leves e fluentes; a dança *jazz*, por sua vez, envolve ações mais diretas, pesadas e explosivas.

Ressaltamos, novamente, que inúmeras formas de movimento (além das apresentadas) podem e devem ser exploradas.

4.5.1 Posições básicas dos braços no balé

O balé tem cinco posições básicas de braços utilizadas na saída para qualquer movimentação, as quais são exploradas em diferentes tipos de dança e caracterizadas por um fluxo mais fluente e formas arredondadas e leves, sem tensão (Kassing, 2016).

Os braços devem estar levemente arredondados, com o cotovelo semiflexionado para as laterais, como se o dançarino estivesse segurando uma bola grande; e os dedos devem ficar ligeiramente unidos, com o polegar escondido pela palma da mão virada para dentro.

Além das cinco posições de saída para qualquer movimentação, conforme elucida Kassing (2016), existe, ainda, a posição preparatória. Assim, as diferentes posições dos braços no balé são: posição preparatória, primeira, segunda, terceira, quarta e quinta posições.

Na posição preparatória (Figura 4.15), os braços devem estar à frente do corpo, posicionados em formato oval.

Figura 4.15 Posição preparatória dos braços no balé

Carla Adriane de Souza

Na primeira posição (Figura 4.16), saindo da posição preparatória, os braços são levantados na altura do diafragma, sem elevação dos ombros e da escápula.

Figura 4.16 Primeira posição dos braços no balé

Carla Adriane de Souza

A segunda posição (Figura 4.17) é marcada pelo afastamento dos braços em direção às laterais, ligeiramente abaixo do ombro e na porção anterior do corpo.

Figura 4.17 Segunda posição dos braços no balé

Carla Adriane de Souza

A terceira posição (Figura 4.18) demonstra a fusão de duas posições: enquanto um braço está na segunda posição, o outro está na primeira.

Figura 4.18 Terceira posição dos braços no balé

Carla Adriane de Souza

A quarta posição (Figura 4.19) é representada pela fusão de duas outras posições: enquanto um braço está na segunda posição, o outro fica na quinta.

Figura 4.19 Quarta posição dos braços no balé

A quinta posição (Figura 4.20) se caracteriza pela elevação dos braços acima da cabeça, a partir primeira posição, sendo que os dois braços devem manter a forma arredondada.

Figura 4.20 Quinta posição dos braços no balé

Com base nessas posições básicas relacionadas às formas arredondadas recém-descritas, você poderá propor temas alicerçados em tempos rítmicos que explorem a criação de formas fluentes de movimentos com os braços, a fim de que os alunos desenhem, no ar, frases coreográficas combinadas (ou não) que envolvam movimentos de membros inferiores. Trata-se de um interessante laboratório de improvisação.

4.5.2 Posições básicas dos braços no *jazz*

Com um fluxo mais controlado, direto e tenso, a dança *jazz* também apresenta cinco posições básicas de braços, de acordo com Giordano (1992) – além da posição preparatória –, as quais servem de base para saídas de movimentação (além de também serem exploradas em diferentes tipos de dança).

Na posição preparatória (Figura 4.21), os braços estão voltados para as laterais e os cotovelos, flexionados num ângulo de 90°, com as palmas das mãos coladas no quadril.

Figura 4.21 Posição preparatória dos braços no *jazz*

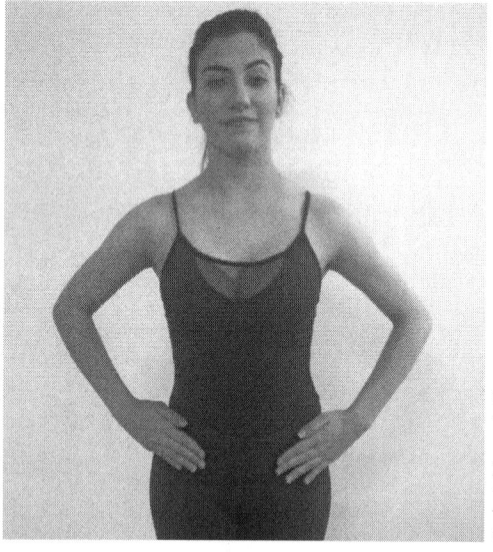

Na primeira posição (Figura 4.22), as mãos são elevadas na altura do peito, mantendo os cotovelos nas laterais e flexionados.

Figura 4.22 Primeira posição dos braços no *jazz*

Na segunda posição (Figura 4.23), os cotovelos se estendem lateralmente na altura dos ombros.

Figura 4.23 Segunda posição dos braços no *jazz*

Na terceira posição (Figura 4.24), um dos braços é mantido na primeira posição, ao passo que o outro permanece na segunda.

Figura 4.24 Terceira posição dos braços no *jazz*

Na quarta posição, um dos braços permanece na primeira posição, ao passo que o outro é estendido acima, iniciando a quinta posição – como você observará na Figura 4.25.

Figura 4.25 Quarta posição dos braços no *jazz*

A quinta posição (Figura 4.26) é representada por ambos os braços esticados para cima, com os cotovelos estendidos acima da cabeça.

Figura 4.26 5ª posição dos braços no *jazz*

Carla Adriane de Souza

A exploração de movimentos utilizando variações de posições dos braços pode se constituir num rico laboratório de criação de frases coreográficas, visto que possibilita a experimentação de formas simétricas e assimétricas em conjunto (ou não) com ações de membros inferiores. As possibilidades expressivas corporais são inúmeras.

4.5.3 Mãos

Com muitas possibilidades de movimentos nas articulações dos punhos e dos artelhos, as mãos, utilizadas em diferentes tipos de dança, movimentam-se e comunicam-se no cotidiano de diversas culturas, tendo em vista seu grande poder expressivo.

Com a articulação do punho, podemos realizar as seguintes ações: flexão e extensão (Figura 4.27); e inclinação ulnar e inclinação radial (Figura 4.28). A combinação desses quatro movimentos, como já informamos, resulta na circundução do punho.

Figura 4.27 Movimentos de articulação do punho em flexão e extensão, respectivamente

Figura 4.28 Movimentos de articulação do punho em inclinação ulnar e inclinação radial, respectivamente

No trabalho com a dança, uma atenção especial deve ser dada à posição, ao tônus muscular e às direções das mãos, em virtude da expressividade que elas estabelecem na linguagem corporal. O fato de estarem fechadas ou abertas, unidas ou separadas, denota diferentes sensações e comunicações na dança.

Como exemplo, as mãos fechadas caracterizam uma ação de tensão muscular, com fluxo mais direto do movimento, ao passo que as mãos abertas representam uma ação de expansão muscular, com fluxo pontual direto do movimento ou fluxo fluente, bem como tônus muscular mais leve e direcionado ou acompanhando os movimentos corporais.

A exploração das posições básicas dos membros superiores em frases corporais – considerando-se variados tempos, fluências e intenções – consiste em uma importante estratégia de exercícios para a exploração da capacidade corporal expressiva.

Os movimentos devem ser explorados por meio de diversas possibilidades de **movimentações** (articulações de ombros, cotovelos e punhos), **peso** (leve ou forte), **fluência** (livre ou interrompida), **tempo** (rápido, lento ou sustentado) e **espaço** (flexível ou direto), nas mais diferentes **direções** (frente, trás, diagonais e laterais).

Como demonstramos neste capítulo, são inúmeras as formas de execução, com ou sem a utilização de ações de partida para as posições dos braços no balé ou no *jazz*. Os movimentos podem ser construídos a partir de diferentes qualidades do movimento no processo coreográfico, sendo possível, também, combiná-los com movimentações referentes a outras partes do corpo.

Seguindo uma proposta pedagógica, você deverá aumentar gradativamente as dificuldades das ações, na intenção de criar um elemento desafiador positivo no processo de ensino-aprendizagem. Procure mesclar tais movimentações a outras partes do corpo, sempre com o objetivo de transmitir alguma mensagem.

Convidamos você, leitor, a experimentar a construção de frases coreográficas com base no que já exploramos, expressando o que cada movimento transmite. Experimente colocá-las em uma música de sua preferência e as transforme de acordo com o que você sentir sobre o movimento, o sentimento e o ritmo. Enfim, dance!

Síntese

Neste capítulo, identificamos as possibilidades de movimentos corporais a serem exploradas no trabalho com a dança por meio das articulações corporais.

Nesse sentido, apresentamos várias possibilidades de movimentos com a cabeça, o tronco e os membros superiores, as quais são utilizadas em diferentes modalidades.

Reconhecemos, também, que os movimentos dos múltiplos estilos de dança: (1) recebem nomenclaturas fundamentadas em signos corporais próprios construídos e sistematizados; e (2) partem de movimentos possibilitados pelas articulações corporais, os quais foram sistematizados e devem ser utilizados no trabalho com a dança.

Por fim, indicamos, com imagens, as cinco posições de braços dos estilos balé e *jazz*, além de suas específicas formas de movimento.

Indicação cultural

Livro

CALAIS-GERMAIN, B. **Anatomia para o movimento**: introdução à análise de técnicas corporais. 5. ed. São Paulo: Manole, 2010.

Nessa obra, Blandine Calais-Germain aborda de forma didática as regiões e possibilidades de movimento do aparelho locomotor. Trata-se de uma obra interessante para quem deseja aprofundar os conhecimentos sobre as possibilidades de movimentações.

Atividades de autoavaliação

1. Assinale a alternativa que identifica os conteúdos e as ações corporais a serem explorados pelo professor por meio dos fundamentos da dança:
   a) Movimentos com membros inferiores e superiores, cabeça e tronco, além de movimentos construídos, como giros e saltos.
   b) Movimentações rítmicas experimentando as dimensões espaciais e as qualidades expressivas dos movimentos.
   c) Danças do acervo popular, acadêmicas, gestos cotidianos e danças propagadas pelas mídias.
   d) Pesquisas de movimentos a partir de técnicas de sensibilização e reconhecimento corporal.
   e) Todas as afirmações estão corretas.

2. Assinale a alternativa que apresenta, respectivamente, os estilos de dança relativos às seguintes qualidades de movimento: fluxo controlado, formas diretas e tensas; fluxo corrente, formas arredondadas e leves, sem tensão.
   a) Balé e *jazz*.
   b) *Jazz* e balé.
   c) Valsa e dança de rua.
   d) Dança de roda e sapateado.
   e) Capoeira e dança *break*.

3. As ações corporais denotam diferentes expressões e linguagens a partir da forma como são executadas. Elas podem, ainda, ser ou não enfatizadas de acordo com inúmeras combinações quanto ao tempo, ao espaço e à fluência dos movimentos.
   Tendo em vista essa afirmativa, relacione as colunas a seguir:

   Ações motoras   **Linguagens corporais**
   A) Tronco contraído   ( ) Dilaceramento, distorções
   B) Tronco expandido   ( ) Direcionamento, foco

C) Torção de tronco   ( ) Espaço, crescimento

D) Tronco alinhado   ( ) Forças opostas, incertezas

E) Tronco desalinhado,   ( ) Introversão, aperto
assimétrico

Agora, assinale a alternativa que apresenta a sequência obtida:

a) A, C, E, D, B.
b) D, A, C, B, E.
c) C, D, B, E, A.
d) B, E, A, C, D.
e) C, B, D, E, A.

4. Tendo em vista os movimentos sistematizados das cinco posições de braços do balé, indique se as afirmações a seguir são verdadeiras (V) ou falsas (F):

( ) Na primeira posição, a partir da posição preparatória, os braços são elevados na altura do diafragma, sem elevação dos ombros e da escápula.

( ) A terceira posição se caracteriza pelo afastamento de ambos os braços em direção às laterais, ligeiramente abaixo do ombro e na parte anterior do corpo.

( ) A segunda posição é representada pela fusão de duas posições: um braço fica na segunda posição, e o outro, na primeira.

( ) A quarta posição é indicada por um braço mantido na segunda posição e outro na quinta.

( ) A quinta posição se caracteriza pela elevação dos braços acima da cabeça, a partir primeira posição, com ambos mantendo a forma arredondada.

Agora, assinale a alternativa que corresponde à sequência correta:

a) F, V, F, F, V.
b) F, V, V, F, F.
c) V, V, F, F, V.
d) F, V, V, F, V.
e) V, F, F, V, V.

5. Indique se as afirmações a seguir são verdadeiras (V) ou falsas (F):

( ) Os infinitos passos de dança das diferentes modalidades vão sendo socialmente construídos, sistematizados e absorvidos (ou não) pelos alunos com base em suas experiências.

( ) A pesquisa de ações corporais com base no sistema articular músculo-esquelético possibilita ao aluno, na dança, a descoberta de movimentos que traduzem diferentes linguagens, contribuindo para o encadeamento de ações no processo coreográfico.

( ) A cabeça tem um papel fundamental na linguagem corporal, pois carrega as expressões faciais que, no trabalho pedagógico, devem evidenciar a mensagem que a dança pretende transmitir.

( ) O movimento com as mãos fechadas caracteriza uma ação de tensão muscular com fluxo mais direto do movimento, ao passo que as mãos abertas representam uma ação de expansão muscular com fluência na direção do movimento.

( ) Os movimentos com os membros superiores devem ser explorados por meio do peso (leve ou forte), da fluência (livre ou interrompida), do tempo (rápido, lento ou sustentado) e do espaço (flexível ou direto), nas mais diferentes direções (frente, trás, diagonais e laterais).

Agora, assinale a alternativa que corresponde corretamente à sequência obtida coreta:

a) V, V, V, F, V.
b) F, V, V, V, V.
c) V, F, V, V, V.
d) V, V, V, V, F.
e) V, V, V, V, V.

■ Atividades de aprendizagem

Questões para reflexão

1. Assista a uma produção coreográfica de *hip-hop* observando as posições e movimentações dos membros superiores. Anote as principais características dos movimentos e discuta-as com seus pares.

2. Aprecie uma produção coreográfica de balé clássico observando as posições e movimentações dos membros superiores. Anote as principais características dos movimentos. Diferencie a qualidade dos movimentos em relação ao *hip-hop* e comente suas observações com seus pares.

Atividade aplicada: prática

1. Baseando-se nas possibilidades de ações corporais utilizadas na dança e abordadas neste capítulo, elabore 4 frases coreográficas com 8 tempos cada, identificando as ações corporais da cabeça, do tronco, dos braços e das mãos.

Capítulo 5

As ações corporais da dança – Parte II

O corpo diz o que as palavras não podem dizer.

Martha Graham

Dedicaremos este capítulo às ações corporais construídas por meio de possibilidades riquíssimas de movimentos articulares criados com a utilização primária dos membros inferiores, amplamente usados na prática de diversos estilos de dança.

Assim como no capítulo anterior, também apresentaremos movimentos sistematizados pelos estilos balé e *jazz*, em virtude de suas especificidades nas formas de movimento e de sua utilização frequente nas múltiplas modalidades de dança.

Continuaremos enfatizando que o estudo e a vivência de diferentes movimentações por intermédio das articulações corporais possibilitam criações construtivas nos processos expressivos de reconhecimento corporal, aprendizagem e performance coreográfica da dança como linguagem corporal.

5.1 Movimentos com os membros inferiores

Os movimentos com os membros inferiores se constituem nas formas de deslocamento do corpo no espaço da dança.

Tendo em vista as articulações dos membros inferiores e das ações corporais advindas das diferentes manifestações de dança, apresentamos, no Quadro 5.1, 14 temas que, como conteúdos imprescindíveis, devem ser explorados nas suas dimensões espaciais, temporais e expressivas, com variações e orientações de execução.

Quadro 5.1 Ações corporais com ênfase nos membros inferiores

Nº	Movimentos/temas	Variações de formas
1	Os pés na dança	Ponta e flex
2	Pés (balé)	Posições: 1ª, 2ª, 3ª, 4ª, 5ª
3	Pés (*jazz*)	Posições: 1ª, 2ª, 3ª, 4ª e 6ª
4	Tocar	Posições: 1ª, 3ª e 6ª (balé/*jazz*) e 5ª (balé)
5	Transferência de peso	Posições: todas do balé/*jazz*
6	Passada simples	Posições: 1ª, 3ª e 6ª (balé/*jazz*) e 5ª (balé)
7	Passo cruzado	Posições: todas do balé/*jazz*
8	Contrapasso	Posições: todas do balé/*jazz*
9	Passo-deslize	Posições: todas do balé/*jazz*
10	*Twist*	Posições: 1ª, 2ª, 4ª e 6ª (balé/*jazz*)
11	Chute	Posições: 1ª, 3ª, 5ª e 6ª (balé/*jazz*)
12	Reboleio	Exploração das ações articulares da pelve.
13	Giros e piruetas	Exploração de pontos de apoio e posições corporais.
14	Saltos	Exploração de formas estáticas ou dinâmicas.

5.2 Os pés na dança

Na dança, os pés podem executar ações por meio do tornozelo e dos artelhos. Neste livro, apresentamos duas das principais ações expressivas: pés em *flex* (Figura 5.1) e em ponta (Figura 5.2).

Figura 5.1 Pé em *flex*

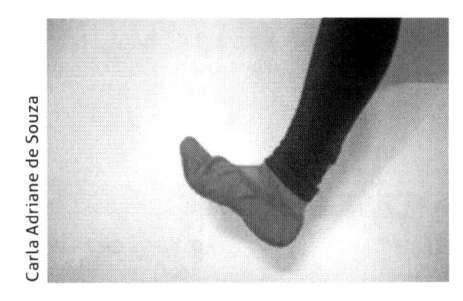

Carla Adriane de Souza

Figura 5.2 Pé em ponta suspenso e no solo

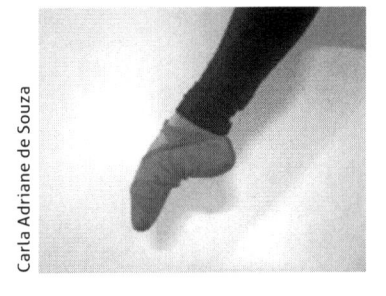

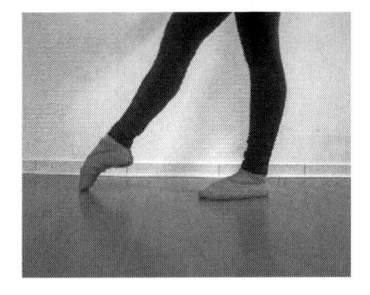

Carla Adriane de Souza

As formas *flex* ou em ponta caracterizam diferentes linguagens corporais a serem exploradas na dança.

A ação dos pés em *flex* é marcada pelo movimento de flexão do dorso. Os dedos do pé são movidos para cima, reduzindo o ângulo entre o dorso do pé e a perna.

Já a ação dos pés em ponta é representada pelo movimento contrário, ou seja, pelo direcionamento dos dedos do pé para baixo – isso leva à contração da musculatura plantar e, consequentemente, aumenta ao máximo o ângulo entre o dorso do pé e a perna.

Observe que nas diversas modalidades e coreografias os pés dos bailarinos ou dançarinos executam diferentes funções – um chute com os pés em *flex* ou em ponta traduz diferentes impressões.

5.2.1 Tocar (do inglês *to touch*)

A ação de tocar o solo pode ser representada pelos pés em ponta (Figura 5.3) ou em *flex* (Figura 5.4), retornando, na sequência, à posição inicial, sem transferência de peso e de forma pontual.

Para o *touch*, sugerimos posições de saída a partir das primeira, terceira e sexta posições do balé ou *jazz* e da quinta posição do balé. Você perceberá que nas segunda e quarta posições, o peso do corpo já se encontra distribuído entre os pés afastados, impossibilitando o ato de tocar o solo sem que haja transferência de peso.

As variações das formas são **espaciais** – direções em que o pé toca o solo (frente, diagonal, lateral ou trás), ou **temporais** – velocidade e ritmo (rápido, moderado ou lento).

Figura 5.3 Tocar com o pé direito em ponta a partir da primeira posição do balé na diagonal

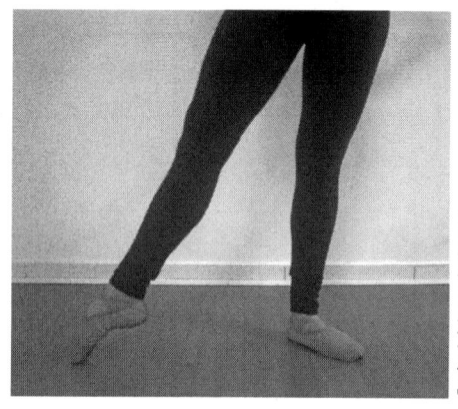

Carla Adriane de Souza

Figura 5.4 Tocar com o pé direito em *flex* à frente a partir da sexta posição do *jazz*

Carla Adriane de Souza

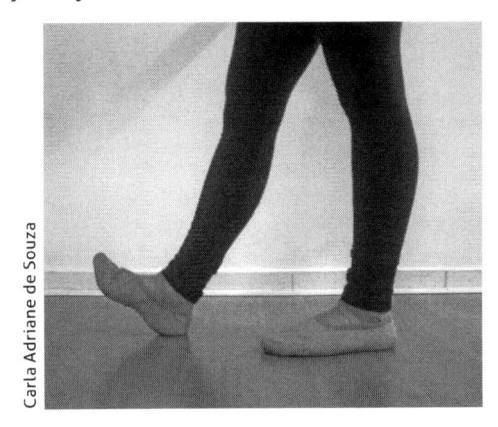

5.3 Posições sistematizadas dos pés

Como indicamos nos capítulos anteriores, a linguagem da dança é historicamente construída, e os respectivos estilos de dança sistematizam os movimentos. Apresentaremos, a seguir, as posições básicas dos pés nos estilos balé e *jazz*, em virtude de sua ampla utilização em diversas modalidades.

5.3.1 Posições básicas dos pés no balé

O balé tem cinco posições de pés básicas que são utilizadas para o início de toda frase ou movimento coreográfico (Kassing, 2016). Tais posições são marcadas por movimentos mais fluentes e leves chamados *en dehors* (rotação externa), pelos quais as articulações dos membros inferiores (quadril, joelhos e tornozelos) são direcionadas para fora.

Nas imagens a seguir (da Figura 5.5 à Figura 5.9), indicamos as posições do balé clássico.

Na primeira posição (Figura 5.5), os pés devem estar *en dehors* (abertos), com os calcanhares se encontrando.

Figura 5.5 Primeira posição dos pés no balé clássico

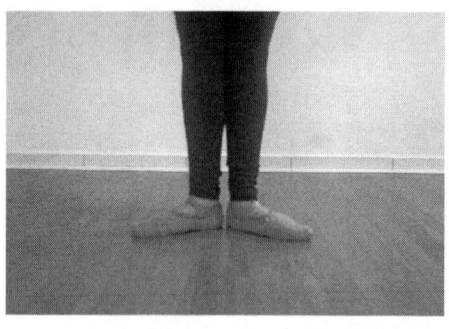

Carla Adriane de Souza

Na segunda posição (Figura 5.6), os pés devem estar *en dehors*, com os calcanhares afastados um do outro, mantendo a base sustentada ao solo.

Figura 5.6 Segunda posição dos pés no balé clássico

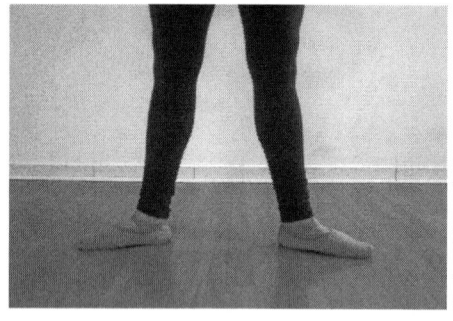

Carla Adriane de Souza

A terceira posição (Figura 5.7) consiste em pés *en dehors* com o calcanhar do pé que está à frente unido ao meio do arco do pé de base.

Figura 5.7 Terceira posição dos pés no balé clássico

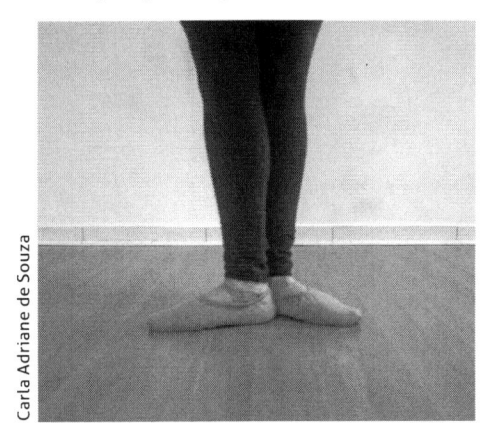

Carla Adriane de Souza

A quarta posição (Figura 5.8) se assemelha à terceira, com um afastamento frontal do pé que está à frente. Ambos os pés ficam na posição *en dehors*, de forma que os calcanhares se encontram em uma mesma linha.

Figura 5.8 Quarta posição dos pés no balé clássico

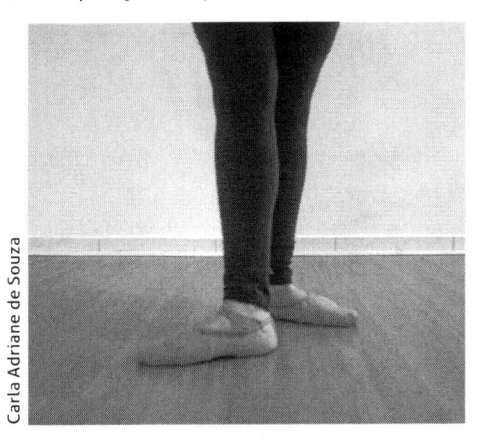

Carla Adriane de Souza

A quinta posição (Figura 5.9) se caracteriza pela máxima ação *en dehors*, em que a ponta do pé de base fica exatamente atrás do calcanhar do pé que está à frente, com as pernas unidas.

Figura 5.9 Quinta posição dos pés no balé clássico

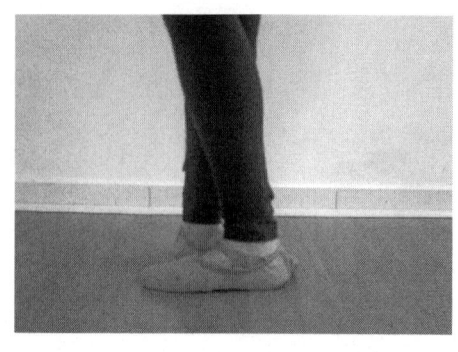

Carla Adriane de Souza

5.3.2 Posições básicas dos pés no *jazz*

Ao contrário do balé, as posições básicas dos pés utilizadas no *jazz* caracterizam-se por movimentos pelos quais as articulações dos membros inferiores (quadril, joelhos e tornozelos) são direcionadas para frente, seguindo a posição anatômica com os pés em paralelo (Giordano, 1992). Perceba que a dança *jazz*, oriunda do improviso, possibilita outros movimentos mais diretos e fortes/explosivos. Nesse estilo, não existe a quinta posição – parte-se direto para a sexta posição.

Apresentamos, a seguir (da Figura 5.10 à Figura 5.14), as imagens que definem as posições da dança *jazz*.

A primeira posição (Figura 5.10) é definida pelos pés paralelos voltados para frente.

Figura 5.10 Primeira posição dos pés no *jazz*

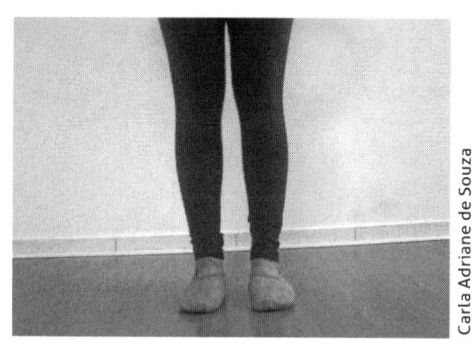

Carla Adriane de Souza

A segunda posição (Figura 5.11) é marcada pelos pés em paralelo, com um pequeno afastamento lateral.

Figura 5.11 Segunda posição dos pés no *jazz*

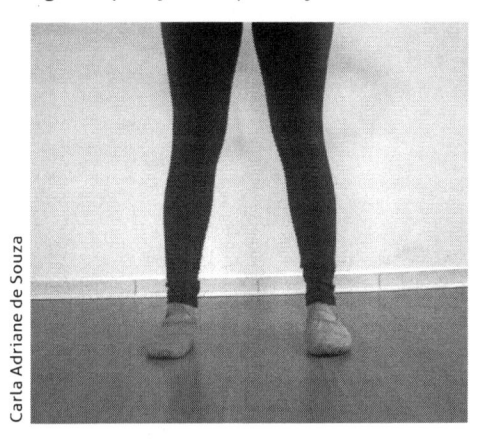

Carla Adriane de Souza

Na terceira posição (Figura 5.12), o pé que está à frente é projetado de forma que o calcanhar se posicione no arco do pé de base, ambos em paralelo.

Figura 5.12 Terceira posição dos pés no *jazz*

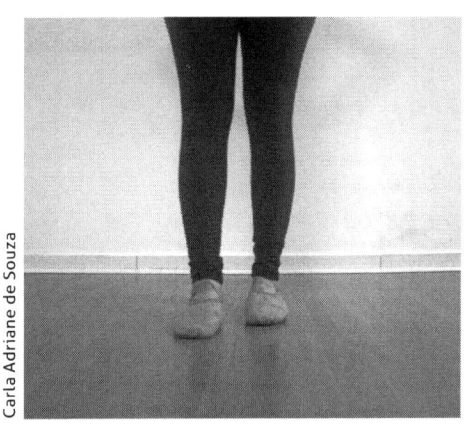

Carla Adriane de Souza

A quarta posição (Figura 5.13) se assemelha à terceira, com um afastamento frontal mais pronunciado, de forma que a ponta do pé de base fica na mesma linha lateral do calcanhar do pé que está à frente.

Figura 5.13 Quarta posição dos pés no *jazz*

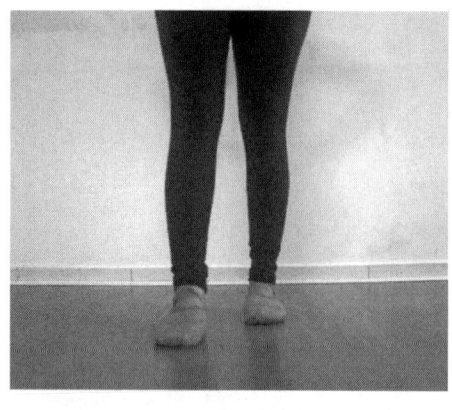

Na sexta posição (Figura 5.14), ambos os pés se posicionam unidos e paralelos lateralmente.

Figura 5.14 Sexta posição dos pés no *jazz*

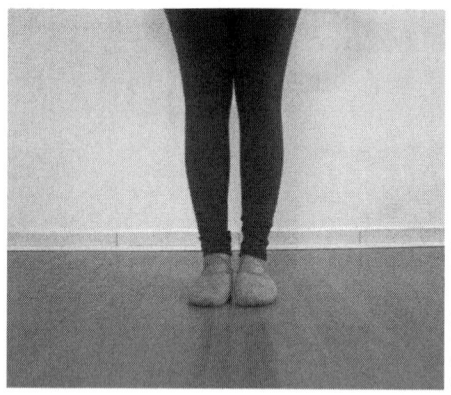

5.4 Transferência de peso: passos da dança

A transferência de peso é caracterizada pela mudança na distribuição do peso do corpo de um pé para o outro. Conforme ocorre a transferência do movimento, o peso se reorganiza sobre o pé-base, e o restante do corpo permanece livre para executar outras possibilidades articulares.

A postura, o alinhamento corporal e o controle da respiração são fatores predominantes na redistribuição do peso transferido. As transferências em pé podem ser exploradas por meio de todas as posições do balé ou *jazz* já descritas.

As imagens a seguir (da Figura 5.15 à Figura 5.17) ilustram diferentes fases de transferência de peso considerando movimentos variados.

A sequência do movimento presente na Figura 5.15 ocorre de forma progressiva, a partir do peso do corpo distribuído em ambos os pés. Primeiramente, há sustentação do peso na perna direita, mantendo o alinhamento corporal, e deslocamento em direção à esquerda. Em seguida, o peso é novamente distribuído em ambos os pés, com leve flexão de joelhos. Por fim, retorna-se à posição inicial (deslocada espacialmente à esquerda).

Figura 5.15 Fases da transferência de peso em direção à lateral esquerda

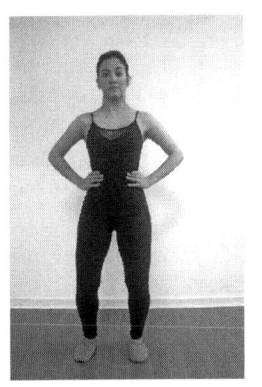

No deslocamento frontal (Figura 5.16) ou para trás (Figura 5.17), a transferência do peso do corpo ocorre da mesma maneira, variando as respectivas direções, por meio da distribuição do peso na perna de base, com alinhamento corporal, leve flexão e distribuição do peso em ambas as pernas na nova direção pretendida.

Figura 5.16 Fases da transferência de peso em direção frontal, iniciando com o pé esquerdo

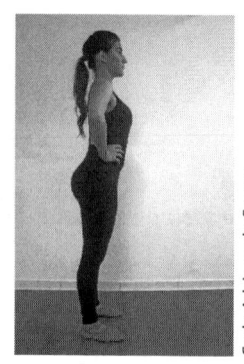

Figura 5.17 Fases da transferência de peso em direção para trás, iniciando com o pé direito

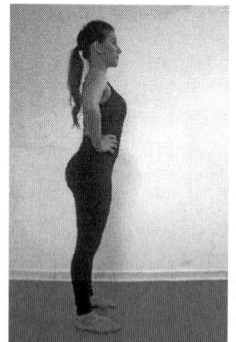

5.4.1 Passo simples

O passo simples se caracteriza por transferências de peso de um pé para o outro e pode ser explorado a partir de todas as posições de saída. Trata-se do passo natural do ser humano.

Suas variações são realizadas a partir de **direções** (frente, diagonal, lateral, trás, circulares ou combinadas) e de **variações** temporais (lento, moderado e rápido). Se ocorre aumento de velocidade das passadas, tais passos podem ser transformados em corridas, com a presença da fase de voo na ação motora.

Figura 5.18 Esquema de direções a partir do passo simples

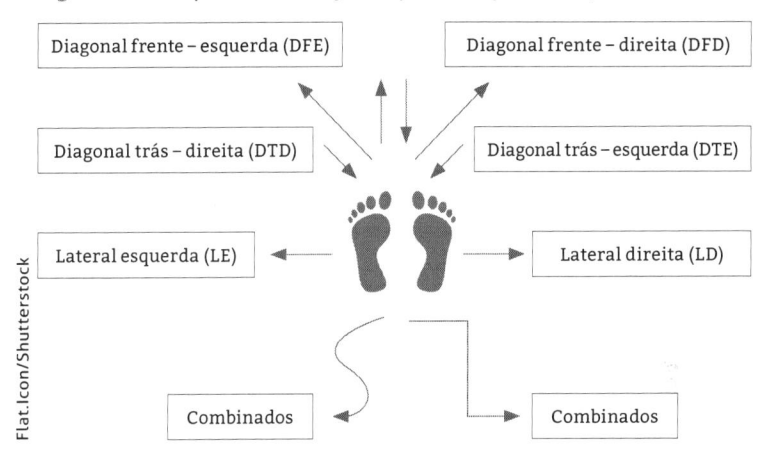

- Diagonal frente – esquerda (DFE)
- Diagonal frente – direita (DFD)
- Diagonal trás – direita (DTD)
- Diagonal trás – esquerda (DTE)
- Lateral esquerda (LE)
- Lateral direita (LD)
- Combinados
- Combinados

Flat.Icon/Shutterstock

O passo simples é a primeira forma de deslocamento com transferência de peso e pode ser realizado a partir das posições de saída, dos pés em *flex* ou em ponta e, ainda, explorando direções e planos.

Atente-se ao fato de que o aumento gradativo dos desafios propostos cria um elemento desafiador positivo no processo de ensino-aprendizagem.

Em relação às direções, inicialmente, exercite cada uma para, gradativamente, alterar os sentidos na frase coreográfica.

Quanto ao tempo, utilizar músicas com batidas fortes, dos ritmos mais lentos para os mais rápidos, facilita o processo de ensino-aprendizagem.

Apresentamos, no Quadro 5.2, exemplos de propostas de frases coreográficas que exploram as direções que poderão ser utilizadas nos outros passos apresentados.

A partir do passo simples (PS), podem ser tomadas as seguintes direções: frente (F); trás (T); lateral direita (LD); lateral esquerda (LE); diagonal frente – direita (DFD); diagonal frente – esquerda (DFE); diagonal trás – direita (DTD); diagonal trás – esquerda (DTE).

Quadro 5.2 Proposta de frases coreográficas a partir das direções

Frase	Composição	Tempo
1	4 PS F + 4 PST	8 t
2	4 PS LD + 4 PS LE	8 t
3	4 PS DFD + 4 PS DFE	8 t
4	4 PS DFE + 4 PS DFD	8 t
5	4 PS DTE + 4 PS DFD	8 t
6	4 PS DTD + 4 PS DFE	8 t

Acompanhe, na Figura 5.19, uma representação das frases propostas no passo simples.

Figura 5.19 Representação das seis frases propostas no passo simples

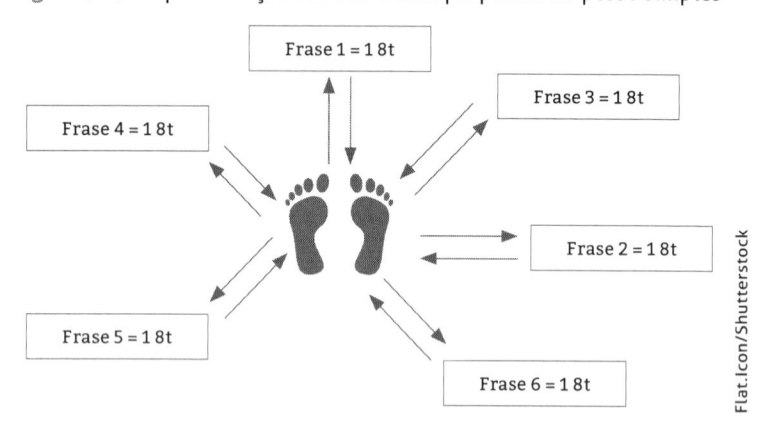

As seis frases coreográficas propostas iniciam e terminam num mesmo ponto, o que se constitui num elemento facilitador da aprendizagem da ação motora dentro de uma estrutura rítmica.

Por meio da exploração dos movimentos propostos, o professor poderá propor, gradativamente, a construção de frases coreográficas para exercício e aprendizagem, com propostas a serem cumpridas corporalmente pelos alunos e com aumento dos elementos desafiadores – tais como velocidade das ações e alteração de direção na mesma frase.

A partir deste momento, indicaremos algumas variações de diferentes formas de passos, exemplificando vozes de comando no tempo rítmico como forma de chamar a atenção do aluno para o conteúdo a ser aprendido.

5.4.2 Passo cruzado

O passo cruzado (Figura 5.20), utilizado em inúmeras modalidades de dança, é caracterizado pela simples ação de cruzar os pés, quando em progressão com a transferência do peso do corpo.

Figura 5.20 Passo cruzado com a perna direita cruzando pela frente

Carla Adriane de Souza

Apresentaremos, a seguir, algumas variações do passo cruzado, com as respectivas vozes de comando, como forma de exercitar o conteúdo discutido nas variações temporais e espaciais.

- **Cruzado sucessivo**

Cruzamento dos pés na mesma direção (frente, trás, laterais ou diagonais), de forma sucessiva, para progredir em uma direção (Figura 5.21). Voz de comando: "Cruza, desloca à esquerda" (4 t).

Figura 5.21 Passo cruzado sucessivo cruzando pela frente, em 4 tempos, com deslocamento em direção à esquerda

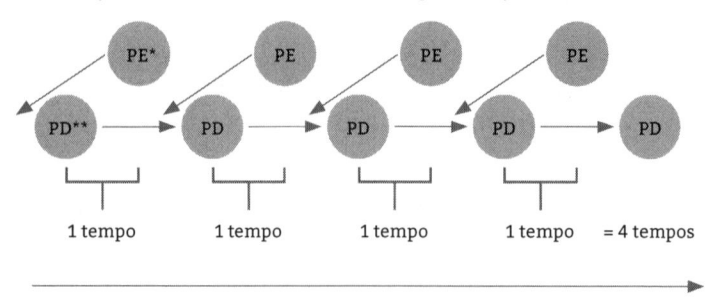

*PE = pé esquerdo.
**PD = pé direito.

Observe que, ao mesmo tempo que o pé esquerdo (PE) cruza o pé direito (PD), este se arrasta cruzando por trás, somando 1 tempo a cada movimento.

Cruzado simultâneo

Os dois pés são cruzados ao mesmo tempo; traz-se o peso para o centro do corpo, e os pés são descruzados na sequência (Figura 5.22). Voz de comando: "cruza (1 t), descruza (1 t)".

Figura 5.22 Passo cruzado simultâneo em 2 tempos

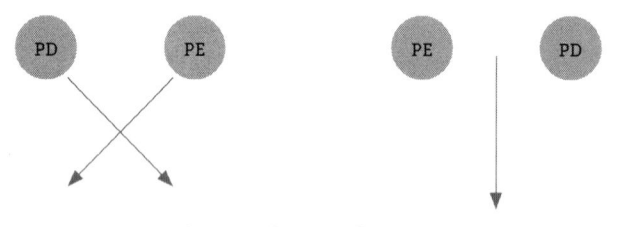

O passo cruzado simultâneo tem uma fase de voo em que ambos os pés se deslocam do solo, caracterizando um pequeno salto – também chamado de *saltito*.

Dessa forma, num processo pedagógico, a fase que antecede a fase de voo deve ser precedida por uma semiflexão dos joelhos, de forma a garantir o impulso. Na última fase, essa semiflexão dos joelhos vai garantir o amortecimento do saltito (Figura 5.23).

Figura 5.23 Fases do passo cruzado simultâneo

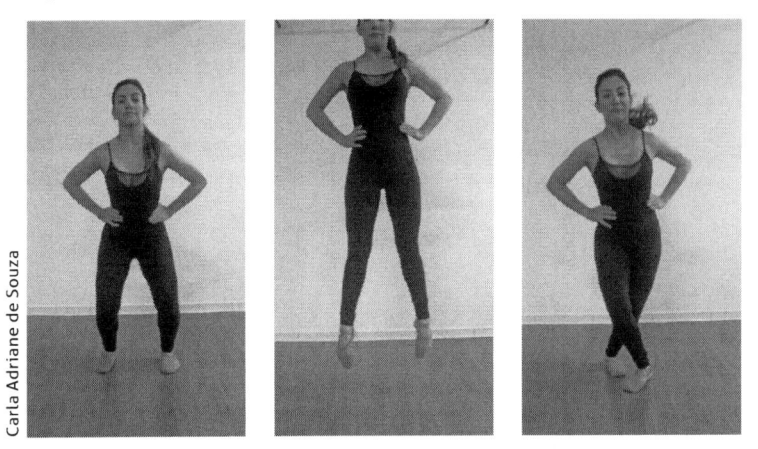

A Figura 5.24 ilustra o cruzamento e descruzamento dos pés – em cada tempo, há o comando de um pé dominante – em 4 tempos.

Figura 5.24 Passo cruzado em 4 tempos

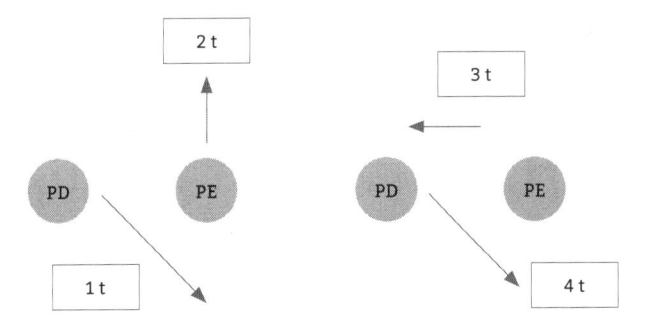

Nesse exemplo, o movimento se inicia com o pé direito cruzando o esquerdo – embora também possa ser realizado começando com o pé esquerdo.

Os movimentos apresentados se referem a execuções simples que podem ser combinadas nas frases coreográficas.

No boxe a seguir, indicamos dois exemplos de combinações dos passos recém-descritos (passo simples, tocar e passo cruzado), em frases de 8 tempos.

Convidamos você a executar, num primeiro momento, o exercício conforme as frases exemplificadas e, em seguida, realizar as frases em diferentes tempos rítmicos. Trata-se de um ótimo exercício.

Frase 1: PSf + une + PCs + abre + TPd + une + TPe + une (8 tempos)
Frase 2: PSt + une + PCs + abre + TPe + une + TPd + une (8 tempos)

Legenda:

PSf = Passo simples frente
PSt = Passo simples trás
TPd = Tocar ponta do pé direito
TPe = Tocar ponta do pé esquerdo
PCs = Passo cruzado simultâneo

5.4.3 Contrapasso

O contrapasso é caracterizado pela junção de três movimentos dos pés em dois tempos rítmicos, além de ser muito utilizado na conexão entre os movimentos ou para mudança de direção em uma coreografia.

As fases do contrapasso estão expressas na Figura 5.25.

Figura 5.25 Fases do contrapasso

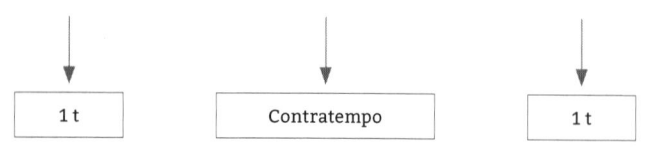

| 1 t | Contratempo | 1 t |

Voz de comando: "direita e direita", sendo que direita-esquerda-direita = 2 tempos.

Observe que os três movimentos são realizados em 2 tempos rítmicos. Para a mudança de direção, é realizado ¼ ou meio giro com o pé em meia ponta durante a fase do contratempo.

Você pode explorar diferentes possibilidades. Nas imagens a seguir (Figuras 5.26 e 5.27), indicamos alguns exemplos acompanhados da voz de comando do exercício.

Figura 5.26 Pé esquerdo cruzando atrás e finalizando na frente

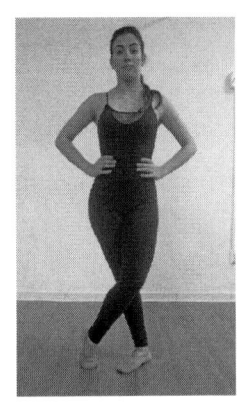

Voz de comando: "cruza um dos pés em meia ponta atrás, abre e fecha na direção da frente".

Figura 5.27 Pé esquerdo cruzando na frente e finalizando atrás

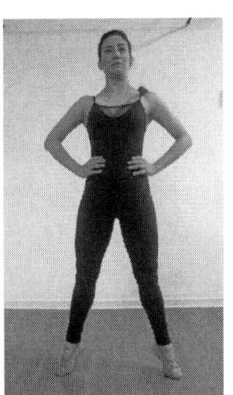

Voz de comando: "cruza um dos pés em meia ponta na frente, abre e fecha o pé de trás na direção atrás".

5.4.4 Deslize

O deslize se caracteriza pela ação de deslizar os pés, que devem permanecer em contato com o solo durante todo o movimento. Pode ser realizado com ou sem transferência de peso de uma base à outra. Trata-se de um movimento que transmite fluência e leveza.

- **Com transferência de peso**

Daremos um exemplo de deslize com transferência de peso realizado em dois tempos rítmicos (Figura 5.28). Voz de comando: "Desliza (1 t), transfere (1 t)".

Partindo de qualquer posição, realiza-se uma semiflexão de joelhos, garantindo o impulso, e desliza-se o pé que está na frente, ocorrendo a transferência de peso do corpo; na sequência, desliza-se o pé que está atrás em direção ao que está na frente, terminando na posição inicial.

Figura 5.28 Deslize com transferência de peso

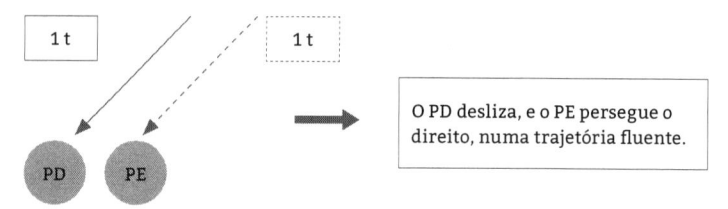

O PD desliza, e o PE persegue o direito, numa trajetória fluente.

- **Sem transferência de peso**

O deslize sem transferência de peso se caracteriza pela ação de deslizar os pés em contato com o solo durante todo o movimento, sem transferência de peso de uma base à outra. Esse movimento pode ser realizado com trajetórias diretas (Figura 5.29) ou circulares (Figura 5.30).

Figura 5.29 Variações de direção de forma direta

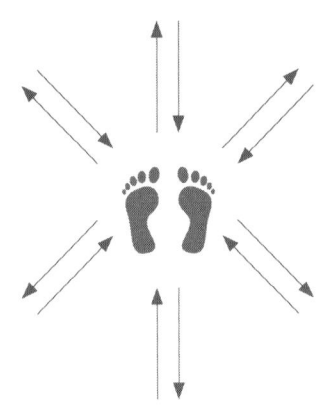

Figura 5.30 Variações de direção de forma circular

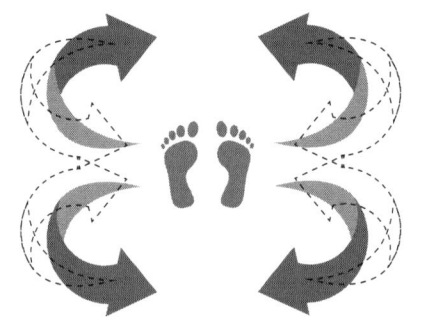

Observe que esses movimentos podem ser realizados de forma sustentada, mais rápida ou mais lenta, considerando os tempos rítmicos e as diferentes expressões a que se propõem.

5.4.5 Twist

O *twist* se refere aos movimentos giratórios dos pés paralelos com os joelhos semiflexionados, com torção do tronco na direção oposta à dos joelhos e dos pés. Trata-se de um movimento característico do rock da década de 1960. Pode ser explorado a partir de todas as posições, com ou sem transferência de peso, com apenas um pé ou os dois em contato com o solo.

Figura 5.31 Pés paralelos girando para a direita com tronco para a esquerda

Carla Adriane de Souza

A Figura 5.31 mostra o *twist* com os pés paralelos: enquanto ambos vão para uma direção, o tronco vai para outra.

5.4.6 Chute

Os chutes são caracterizados pela elevação de uma das pernas com finalização explosiva e pontual. Muito utilizado em diversos estilos de dança, é um movimento que explora o plano alto em diferentes direções, formas e tempos de execução.

O chute compreende duas fases: a primeira fase é caracterizada pela elevação da perna de chute com o peso do corpo sustentado e equilibrado pela outra perna, chamada de base, finalizando num movimento de explosão no ar; a segunda fase é representada pela depressão da perna de chute para a posição inicial ou nova posição, a partir da proposta coreográfica.

No processo pedagógico, é importante mencionar aos alunos que a altura da elevação da perna será conquistada gradativamente, a partir do ganho de flexibilidade na articulação do quadril e de força dos membros inferiores para executar o movimento.

Lembre-se de que o mais importante é a manutenção do quadril alinhado ao tronco quando a perna estiver no ar, e não a altura do chute.

Nas Figuras 5.32 e 5.33, apresentamos alguns exemplos de chutes. Observe que as variações de formas e dimensões temporais são inúmeras, além de serem muito utilizadas na dança para expressar sensações de empoderamento ou ocupação do espaço.

Repare que os pés podem estar em ponta ou em *flex*; os joelhos, estendidos ou combinando flexão e extensão; o tronco, alinhado em expansão ou contraído; o movimento pode ser leve ou pesado, sustentado em velocidades menores, ou mais rápido; ou realizado de forma direta ou circular.

Figura 5.32 Chute frontal com a perna direita, joelhos estendidos e pés em ponta

Carla Adriane de Souza

Figura 5.33 Chute lateral com a perna direita, joelhos estendidos e pés em *flex*

Em síntese, você pode experimentar e combinar várias possibilidades que expressem as sensações desejadas nas frases coreográficas.

5.4.7 Reboleio

Presente em muitas manifestações de dança, o reboleio, que é representativo nas danças latinas, é o movimento de circundução do quadril caracterizado por estes quatro movimentos articulares: (1) anteversão; (2) inclinação para uma lateral; (3) retroversão; e (4) inclinação para a outra lateral.

Pode ser realizado de forma fluente nessas quatro direções (Figura 5.34) ou de maneira controlada, marcando somente uma das direções, ou em sentido horário ou anti-horário (Figura 5.35).

Figura 5.34 Fases de circundução do quadril, respectivamente: anteversão; inclinação lateral à esquerda; retroversão; inclinação lateral à direita

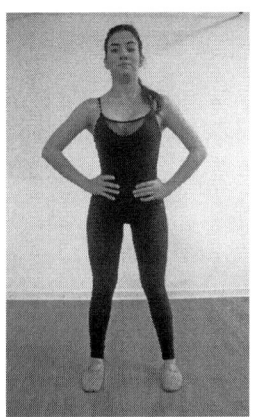

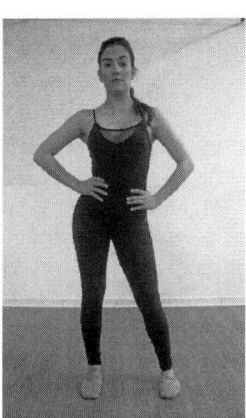

Figura 5.35 Reboleio em sentido horário e anti-horário

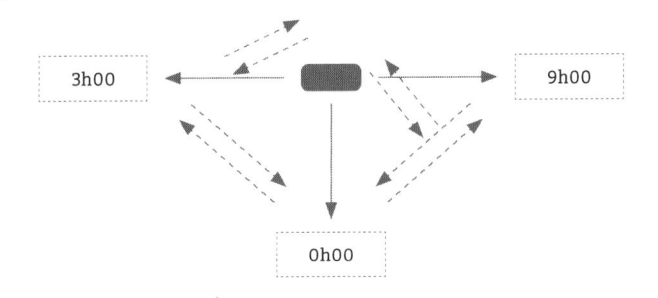

Perceba que o conjunto dos quatro movimentos citados caracteriza o reboleio. Esse movimento pode ser explorado em diferentes tempos rítmicos, enfatizando uma das movimentações de forma quebrada, ou ser realizado com fluência, nos mesmos tempos rítmicos em todas as ações.

5.5 Giros e saltos

Entre os diferentes movimentos construídos e extremamente utilizados em vários estilos de dança, há os giros e os saltos, que apresentam diferentes e lindas formas de execução e denotam, em essência, a fluência libertadora e dominante.

5.5.1 Giros: processos pedagógicos e formas de execução

Os giros se caracterizam pela rotação sobre o eixo do próprio corpo e apresentam um grande número de variações. Podem ser realizados no sentido horário ou anti-horário, de forma estática (o corpo no mesmo lugar) ou durante um deslocamento.

Além disso, os giros podem se diferenciar conforme as posições da perna que acompanha o movimento. Por exemplo: durante o movimento, o pé pode estar na altura do joelho da perna-base, estendido à lateral (ou em outra posição).

Na dança, a diferenciação entre giros e piruetas se estabelece pelo apoio de sustentação do corpo: se o apoio é feito nos dois pés, trata-se de giro; caso se realize em apenas um pé, é pirueta.

Algumas posições e ações básicas devem ser realizadas para todos os tipos de giros. Durante o movimento, o tronco deve ser mantido ereto, com abdômen contraído, ombros para trás e alinhados com o quadril. A cabeça deve partir de um ponto fixo e girar mais rapidamente do que as outras partes do corpo.

Além de garantir o impulso ou a ação inicial que dá velocidade ao movimento, os braços também permitem o equilíbrio durante o giro. O braço posicionado à frente do corpo é responsável pelo giro, pois indica o lado em que o movimento será executado e serve para a impulsão. O braço que fica na lateral do corpo deve auxiliar o braço de impulsão, equilibrando o movimento. Quanto ao(s) pé(s), ele(s) deve(m) estar em meia ponta, com os metatarsos fortemente apoiados no solo.

No giro em progressão, os mesmos procedimentos são realizados, com a diferença de que o ponto fixo está na direção em que será realizado o movimento, ocorrendo, assim, o deslocamento do corpo com o afastamento dos pés para cada fase de apoio.

Alguns pontos referentes ao processo de ensino-aprendizagem dos giros/piruetas devem ser observados nas fases de execução.

Nesse sentido, os procedimentos pedagógicos devem ser gradativos ao aumento da dificuldade da ação motora: inicialmente, ¼ de giro, seguido de meio giro e, por fim, o giro completo. Lembre-se de sempre determinar um ponto fixo para a cabeça a partir da direção do movimento, possibilitando a experimentação das forças empregadas.

As variações de direções, tempos rítmicos, posicionamentos de pernas de apoio e movimento propostas durante os giros e as piruetas constituem um rico instrumento de ampliação do repertório motor.

Nas imagens a seguir (da Figura 5.36 à Figura 5.38), indicamos alguns exemplos de possibilidades de giros: giro com afastamento lateral de pernas; pirueta com a perna na altura do joelho-base; e pirueta com a perna estendida.

Figura 5.36 Fases de um giro com afastamento lateral de pernas

No movimento de giro da Figura 5.36, a bailarina realiza um impulso para a direita com rotação do corpo em ambos os pés e projeção lateral da perna direita (direção do movimento), finalizando na junção e distribuição do peso em ambos os pés, como na posição inicial.

Figura 5.37 Fases de uma pirueta com a perna na altura do joelho-base

Figura 5.38 Fases de uma pirueta com a perna estendida

Carla Adriane de Souza

As piruetas exemplificadas partem da quarta posição do balé, com o peso do corpo distribuído no pé de base, e realização de impulso para a direita (direção do movimento), com a rotação do corpo alinhado e joelhos flexionados (Figura 5.37) ou estendidos (Figura 5.38).

5.5.2 Saltos: processos pedagógicos e formas de execução

Saltos são movimentos caracterizados por desprenderem o corpo da base de sustentação em oposição à ação da gravidade. São muito utilizados na dança, denotando impressões singulares na expressão coreográfica de ações libertas e expansivas.

Na sua forma de execução na dança, todos os tipos de salto são compostos por três fases distintas: impulsão, voo e queda.

A **primeira fase** (**impulsão**) pode ou não ser precedida de um deslocamento. A força dos membros inferiores para a impulsão é potencializada com a semiflexão dos joelhos e projeção dos braços na direção de baixo para cima.

A **segunda fase** (**voo**) é marcada pela projeção do corpo no ar, culminando em posições características de cada salto, as quais podem apresentar movimentos estabelecidos, chamados *estáticos*, pequenas batidas de pés ou braços; ou, ainda, ser realizadas girando no ar, mudando de direção.

A **terceira fase** (**queda**) se refere ao momento em que o corpo retorna ao solo para recuperar o equilíbrio e dar sequência ao movimento posterior.

Na proposta coreográfica da dança, os saltos ainda podem se diferenciar por meio das seguintes características: direção, bases de apoio, posições de voo e rotação com giros.

Quanto à direção, os saltos podem ser realizados no sentido vertical (para cima) ou horizontal (para cima e frente), desenhando na fase de voo uma parábola.

Como os saltos são executados a partir de bases de apoio e com transferências de peso, podemos explorar as seguintes movimentações: de dois pés para dois pés ou para um pé; de um pé para dois pés, para o mesmo pé ou para o outro pé.

Na composição coreográfica, a fase de voo é esteticamente rica e se caracteriza pela presença ou não de ações de posições: pode ser pontual (Figuras 5.39 e 5.40), configurando uma pose no ar; ou dinâmica (Figura 5.41), com mudanças de direções durante a ação.

Figura 5.39 Fase de voo de um salto com movimento pontual

Carla Adriane de Souza

Figura 5.40 Fase de voo de um salto com movimento dinâmico, batendo as mãos nos pés

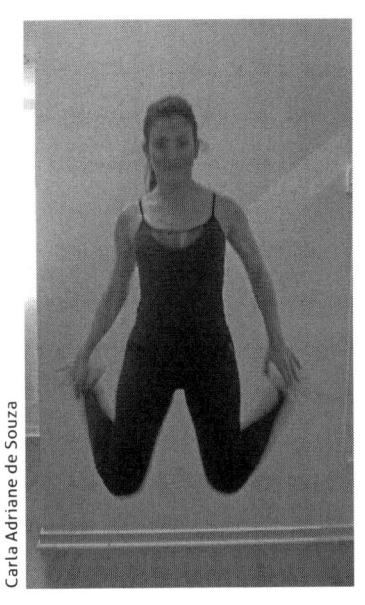

Os saltos ainda podem ser realizados culminando na fase de voo, com rotações ou mesmos giros completos no ar (Figura 5.41).

Figura 5.41 Fase de voo de um salto com giro completo

Assim como todas as ações corporais propostas no trabalho com a dança, os saltos devem ser vivenciados isoladamente como forma de alfabetizar o corpo dançante no processo pedagógico de aquisição de técnicas corporais. Ao mesmo tempo, eles precisam ser contextualizados nas frases coreográficas por meio da linguagem da dança.

Síntese

Neste capítulo, demonstramos as possibilidades de movimentos articulares a serem exploradas com os membros inferiores, bem como as intenções pretendidas a partir da construção de ações corporais.

Identificamos, com a utilização de imagens, as cinco posições de pés dos estilos balé e *jazz* e suas formas específicas de movimento.

Por fim, reconhecemos as principais ações corporais por meio dos movimentos dos membros inferiores (saltos e giros), considerando também os processos pedagógicos envolvidos e suas possibilidades de variações.

Indicações culturais

Livro

HASS, J. G. **Anatomia da dança**: guia ilustrado para o desenvolvimento de flexibilidade, resistência e tônus muscular. São Paulo: Manole, 2011.

Essa obra aborda as ações musculares desenvolvidas na estética do movimento na dança, apresentando propostas de exercícios para a otimização da flexibilidade articular e da tensão muscular nas habilidades requeridas em vários estilos de dança.

Atividades de autoavaliação

1. Identifique se as afirmações a seguir são verdadeiras (V) ou falsas (F):

    ( ) No *jazz*, as posições dos pés se caracterizam por movimentos pelos quais as articulações dos membros inferiores são direcionadas para fora, a partir da posição anatômica.

    ( ) A dança *jazz*, oriunda do improviso, possibilita movimentos mais diretos e fortes ou explosivos.

    ( ) Há duas ações realizadas pelos pés na dança: pés em *flex*, caracterizada pelo movimento de flexão plantar; e pés em ponta, representada pelo movimento de dorsiflexão.

    ( ) A postura, o alinhamento corporal e o controle da respiração são fatores predominantes no trabalho de transferência do peso nas ações corporais da dança.

    ( ) O contrapasso é caracterizado pela junção de três movimentos dos pés em dois tempos rítmicos. É muito utilizado na conexão entre os movimentos ou para a mudança de direção em uma coreografia.

    Agora, assinale a alternativa que corresponde à sequência correta:

    a) F, V, F, V, V.
    b) V, F, F, F, V.
    c) F, V, V, V, F.
    d) V, F, V, V, F.
    e) F, V, F, V, F.

2. A transferência de peso, caracterizada pela mudança na distribuição do peso do corpo de um pé para outro, origina uma gama de variações de passos. Tendo em vista essa afirmação, relacione as colunas a seguir:

Passos	Ações corporais
Deslize	( ) Pés se transpassam
Cruzado	( ) Pés em ações assimétricas com o tronco
Contrapasso	( ) Pés sem contato com o solo durante o movimento
Twist	( ) Contato permanente dos pés com o solo, de forma fluente
Salto	( ) Pés executam três movimentos em 2 tempos

Agora, assinale a alternativa correta:

a) B, A, D, C, E.
b) D, B, C, E, A.
c) E, C, A, B, D.
d) A, E, C, B, D.
e) B, D, E, A, C.

3. Assinale a afirmativa que apresenta a definição correta quanto ao chute:

a) O chute é caracterizado pela elevação de uma das pernas com finalização explosiva e pontual em diferentes direções, formas e tempos de execução.

b) A aprendizagem pedagógica do chute é conquistada progressivamente, por meio do ganho de força dos membros inferiores, com rotinas que estimulam a maior altura atingida pela perna em suspensão.

c) A flexibilidade da coluna vertebral é uma capacidade motora que deve ser desenvolvida progressivamente à aprendizagem do chute.

d) Como linguagem corporal na dança, o chute revela expressões de descontração, além de denotar esvaziamento no espaço.

e) Quanto às formas de movimento na dança, os chutes só podem ser executados com os joelhos da perna em suspensão sempre estendidos, joelhos de base flexionados e tronco alinhado, tendo como variações os pés em ponta ou em *flex*.

4. Identifique se as afirmações a seguir são verdadeiras (V) ou falsas (F):

( ) Os saltos na dança podem se diferenciar quanto à direção, às bases de apoio, às posições estáticas ou dinâmicas e aos giros.

( ) O passo tocar (do inglês *to touch*), muito utilizado na construção coreográfica, expressa indecisão ou redirecionamento e pode ser iniciado a partir de todas as posições dos pés, tanto as do balé como as do *jazz*.

( ) O reboleio é o movimento de circundução do quadril caracterizado por quatros movimentos articulares: retroversão; inclinação para uma lateral; anteversão; inclinação para a outra lateral.

( ) Na realização do giro, apenas um pé sustenta o corpo durante a execução do movimento; na pirueta, pelo contrário, ambos os pés, em meia ponta, devem se manter em contato com o solo.

( ) Na dança, o salto apresenta impressões singulares de expansão. Sua execução envolve três fases distintas: impulsão, voo e queda.

Agora, assinale a alternativa que corresponde à sequência correta:

a) V, F, V, F, V.
b) F, V, V, F, V.
c) V, F, F, V, V.
d) F, V, F, F, V.
e) V, V, F, F, V.

5. Tendo em vista as ações básicas de pés no *jazz*, observe as figuras a seguir e identifique as posições:

a)    c)    e)

b)   d)

( ) Primeira posição
( ) Segunda posição
( ) Terceira posição
( ) Quarta posição
( ) Sexta posição

Agora, assinale a alternativa que corresponde à sequência correta:

a) E, B, D, A, C.
b) A, E, B, D, C.
c) E, D, B, C, A.
d) A, C, E, C, B.
e) E, B, A, C, D.

■ *Atividades de aprendizagem*

Questões para reflexão

1. Observe numa coreografia de dança de rua os movimentos com os membros inferiores. Identifique-os e discuta-os com seus colegas.

2. Busque, nas grandes mídias, produções coreográficas de *jazz* e balé clássico. Repare nas posições dos pés dos bailarinos e discuta suas observações com seus colegas.

Atividades aplicadas: prática

1. Com base nos passos abordados neste capítulo, elabore uma composição coreográfica utilizando os membros inferiores que contenha quatro frases corporais com 8 tempos cada. Em sua composição, identifique: a posição dos pés de saída (*jazz* ou balé); a sequência do(s) movimento(s) proposto(s); a direção. Utilize o esboço a seguir como orientação para o desenvolvimento da atividade.

Frase	Posição de saída	Composição	Tempo
1			8 t
2			8 t
3			8 t
4			8 t

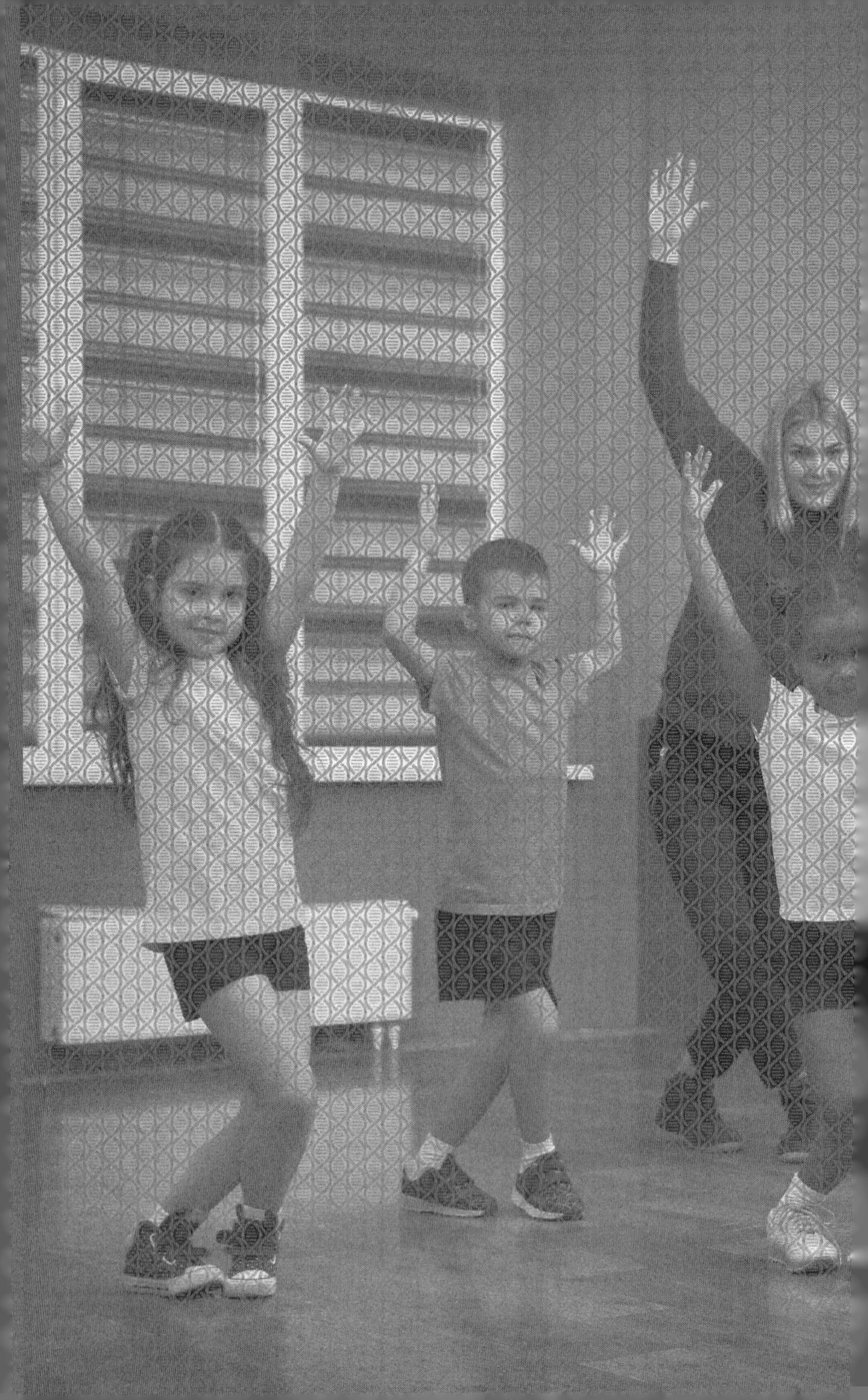

Capítulo 6

O ensino da dança de acordo com cada faixa etária

*Antes que o homem aprenda a voar,
é necessário ensiná-lo a andar, correr
e dançar.*

Friedrich Nietzsche

Neste capítulo, abordaremos a aplicação do conteúdo dança identificando e reconhecendo suas possibilidades de trabalho mediante a abordagem desenvolvimentista humana, considerando as características motoras, psicossociais e culturais de cada faixa etária.

Indicaremos a estruturação básica das aulas de dança, bem como os pontos a serem considerados para a evolução do trabalho, tanto no ambiente das academias quanto nas aulas de Educação Física, em ambiente escolar.

Demonstraremos, também, a especificidade do trabalho com a dança nas aulas de Educação Física, apresentando formas de planejamentos bimestrais para a aplicação do conteúdo nas diferentes fases de escolarização.

Tendo em vista os fundamentos abordados e discutidos nos capítulos anteriores, nosso principal objetivo será subsidiar o professor na abordagem dos conteúdos da dança, tanto nos aspectos do desenvolvimento humano quanto na planificação das propostas a serem consideradas em relação às especificidades dos grupos de alunos.

6.1 Abordagem desenvolvimentista da dança

O trabalho com a dança, assim como os outros temas da cultura de movimento, deve ser conduzido com base nas características e circunstâncias em que o aluno se encontra que as práticas interventivas sejam significativas, eficazes e evolutivas – uma vez que ele é o centro do processo de ensino-aprendizagem.

Nesse sentido, apresentamos dois pressupostos a serem considerados nas aulas de dança para a evolução das propostas.

O primeiro ponto a ser observado diz respeito à consideração do somatório de características ligadas aos níveis desenvolvimento humano, tais como faixa etária, maturação e ambiente sociocultural, necessárias para que o conteúdo de quaisquer modalidades de dança não se desvinculem dos objetivos estabelecidos, permitindo a evolução do aluno.

Na concepção desenvolvimentista, segundo Gallahue e Donnelly (2008), a educação física enfatiza a aquisição de habilidades de movimento e crescente competência física baseada nas singularidades de cada indivíduo, de cada criança. Nessa época, as aprendizagens estão relacionadas e sensíveis aos domínios motor, cognitivo e afetivo – o aluno é visto como um ser totalmente integrado.

Percebemos que, muitas vezes, o estudo do desenvolvimento humano é realizado fragmentando-se as dimensões cognitivas, motoras ou afetivas, o que leva a uma visão equivocada do processo desenvolvimentista e da própria prática educativa. O profissional deve ter em mente que o aluno é uma unidade corpórea que resulta de suas interações diárias com seu ambiente.

Ressaltamos que trabalhar as diferentes modalidades de dança numa perspectiva sociocultural contribui para o reconhecimento do valor dos conteúdos neuromotores e comportamentais, que devem ser de amplo domínio na formação do profissional de educação física, bem como para o desenvolvimento das diferentes temáticas da cultura de movimento, como esportes, lutas ou ginásticas.

Nas palavras de Gallardo (2005, p. 18), "o professor que trabalha com a perspectiva sociocultural orienta sua prática observando e controlando a intensidade e complexidade das habilidades motoras que são utilizadas na cultura corporal, criando e construindo permanentemente métodos adequados para cada realidade".

Sob essa ótica, o professor de Educação Física deve reconhecer e respeitar o nível de desenvolvimento do aluno, que, por sua vez, ocorre de forma contínua, com a prevalência ou supressão das funções motoras, cognitivas e afetivas, nas diversas faixas etárias e evolutivas.

Considerando-se essa concepção, não existe idade para aprender ou praticar a dança, uma vez que nas aulas de dança o planejamento, a aplicação dos conteúdos e das atividades e a avaliação devem considerar todos os níveis de desenvolvimento humano.

O desenvolvimento humano é entendido por Gallahue e Ozmun, (2003, p. 6) como "um processo contínuo que se inicia na concepção e cessa com a morte [...] incluindo [...] todos os aspectos do comportamento humano e, como resultado, somente artificialmente pode ser separado em áreas, fases, ou faixas etárias".

Além da importância dada ao domínio do comportamento humano, a abordagem desenvolvimentista reconhece a individualidade biológica, as circunstâncias ambientais e os objetivos específicos de cada tarefa apresentada ao aluno.

Em outras palavras, no processo de ensino-aprendizagem, o conhecimento do desenvolvimento motor, numa abordagem psicomotora e social, deve considerar a educação de corpo inteiro e as características individuais dos alunos, permitindo, assim, o entendimento de quais intervenções podem ser otimizadas nas aulas de dança.

O segundo ponto a ser considerado no ensino-aprendizagem da dança refere-se às finalidades do grupo a quem ela se destina: educação, competição, lazer ou saúde. As propostas de ensino da dança devem ser alinhadas aos objetivos pretendidos, a fim de se definir as especificidades das intervenções e dos processos avaliativos para a evolução e o atendimento dos interesses e das pretensões dos alunos.

A dança, como já discutimos amplamente, é uma modalidade a ser democratizada pelo profissional de educação física (seja no ambiente escolar, seja nas academias ou nos grupos de dança), de forma a potencializar o corpo do aluno para o reconhecimento e a evolução de sua comunicação corporal. Dessa forma, essa atividade contribuirá para o desenvolvimento tanto de aspectos de forma (passos, possibilidades de movimentos nas diferentes dimensões espaciais e técnicas corporais) quanto de conteúdo (ser, estar, compreender, sentir, criar, construir movimentos e linguagens corporais). Tais contribuições se refletirão na realidade do estudante como sujeito pertencente a um ambiente social.

Nessa perspectiva, na escola, além dos aspectos educativos de contribuição da dança para a construção do sujeito social transformador da própria realidade, cabe ao professor de Educação Física democratizar essa atividade de forma a apresentar possibilidades de aprofundamento nas diferentes modalidades dessa arte.

O professor que dirige grupos de dança com a função de formação e rendimento a nível profissional, além de todos os aspectos já mencionados que caracterizam a dimensão educativa, deve enfatizar também a abordagem técnica de modalidades que envolvem pesados treinamentos para se atingir um nível de competitividade profissional.

De forma semelhante, diante de grupos que priorizam a socialização para o lazer ou o condicionamento físico (saúde), o profissional deve estar atento ao planejamento de suas práticas e às intervenções que contemplem, além desses objetivos, os conteúdos expressivos e educativos do tema.

Com base nos pressupostos referentes aos níveis de desenvolvimento humano e às finalidades dos grupos de dança, apresentaremos uma taxonomia, uma divisão de características do desenvolvimento humano por faixa etária. É válido ressaltar que as informações expostas se constituem em parâmetros de tempo aproximados e que os comportamentos motores são observados e dependentes dos mais diversos estímulos socioambientais.

A partir deste momento, faremos uma breve explanação das principais características encontradas na primeira e na segunda infância e na adolescência, que correspondem às fases escolares da educação infantil e dos ensinos fundamental e médio. Reforçamos que nossas explicações são apenas parâmetros para o planejamento e a seleção de atividades significativas e interventivas na aplicação do conteúdo da dança, uma vez que o desenvolvimento humano, como já mencionado, é individual e depende de diversos fatores. Nossa análise partirá dos princípios da educação física desenvolvimentista, proposta por Gallahue e Donnelly (2008).

6.2 A dança na primeira infância

A ação motora é a primeira forma de linguagem da criança desde sua concepção, ainda no ventre da mãe. Por isso, estímulos realizados por meio de atividades motoras rítmicas e expressivas são de extrema importância para o desenvolvimento saudável da criança.

Sob essa ótica, apresentaremos as principais características e possíveis intervenções do profissional de educação física nas fases apontadas pela abordagem desenvolvimentista.

Na Figura 6.1, são apresentadas três fases do desenvolvimento na primeira etapa da infância: (1) a de movimentos reflexos (até um ano), (2) a de movimentos rudimentares (até 2 anos) e (3) a dos movimentos fundamentais (até, aproximadamente, 7 anos).

Figura 6.1 Fases e estágios do desenvolvimento motor

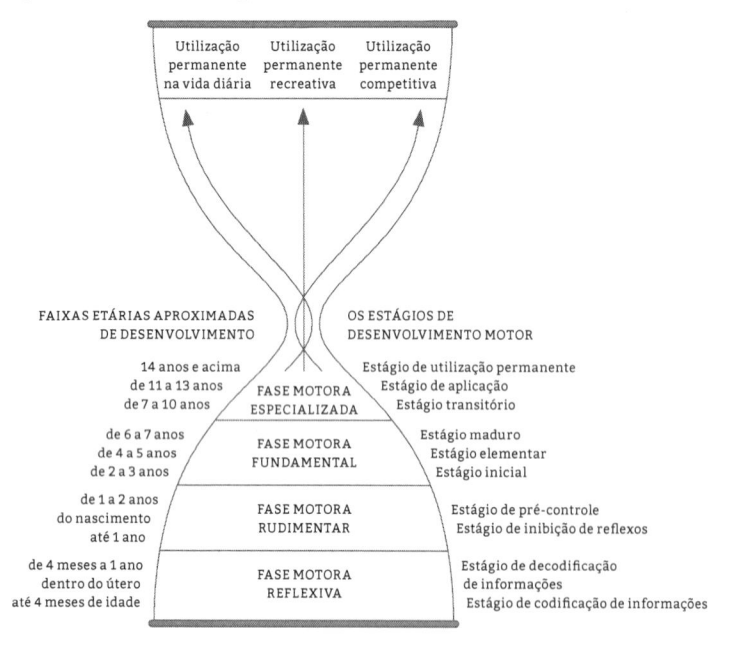

```
                    Utilização        Utilização        Utilização
                    permanente       permanente        permanente
                    na vida diária   recreativa        competitiva

FAIXAS ETÁRIAS APROXIMADAS              OS ESTÁGIOS DE
      DE DESENVOLVIMENTO                DESENVOLVIMENTO MOTOR

         14 anos e acima                      Estágio de utilização permanente
         de 11 a 13 anos    FASE MOTORA       Estágio de aplicação
         de 7 a 10 anos     ESPECIALIZADA     Estágio transitório

         de 6 a 7 anos                        Estágio maduro
         de 4 a 5 anos      FASE MOTORA       Estágio elementar
         de 2 a 3 anos      FUNDAMENTAL       Estágio inicial

         de 1 a 2 anos
         do nascimento      FASE MOTORA       Estágio de pré-controle
         até 1 ano          RUDIMENTAR        Estágio de inibição de reflexos

         de 4 meses a 1 ano                   Estágio de decodificação
         dentro do útero    FASE MOTORA       de informações
         até 4 meses de idade  REFLEXIVA      Estágio de codificação de informações
```

Fonte: Gallahue; Ozmun, citados por Gallahue; Donnelly, 2008, p. 62.

Perceba que cada fase também é dividida por estágios. Em cada um deles, os estímulos e as intervenções do profissional de educação física no trabalho com as atividades rítmicas e expressivas são imprescindíveis para o desenvolvimento da criança.

Nas **fases de movimentos reflexos e rudimentares** (até dois anos), o estímulo proporcionado por atividades rítmicas, toques corporais, movimentos e cores contribui para o desenvolvimento e a percepção da criança.

> Piaget supõe que o bebê realiza o processo adaptativo básico de tentar compreender o mundo que o cerca. Ele assimila as informações que lhe chegam na limitada série de esquemas sensório-motores com que nasceu – como olhar, escutar, sugar, agarrar – e acomoda esses esquemas baseado em suas experiências. Segundo Piaget, este é o ponto de partida de todo o processo de desenvolvimento cognitivo. (Bee, 2003, p. 196)

Na primeira infância, a criança apresenta uma capacidade de aprendizagem proveniente das interações com os mais próximos e com o meio ambiente. Assim, ela explora a afetividade, os toques corporais, os sons, as cores, os cheiros e os objetos; experimenta sensações e se expressa – ri, chora, movimenta o corpo, bate palmas, levanta a cabeça etc. Em síntese, quanto maiores forem os estímulos, maiores serão as tentativas e apreensões das capacidades expressivas.

Outro aspecto da dimensão expressiva do ato motor a ser analisado é o desenvolvimento dos gestos simbólicos, tanto daqueles ligados ao faz de conta quanto dos que detêm uma função cultural, como apontar, acenar, negar com um balanço de cabeça e outros movimentos adquiridos no ambiente vivenciado pela criança.

O **estágio inicial da fase motora fundamental** (entre 2 e 3 anos de idade) diz respeito à exploração dos movimentos que fornecerão às crianças experiências para que elas melhorem o controle corporal. Brincar é o que elas mais gostam de fazer, e é por meio das brincadeiras que elas aprendem e adquirem consciência de seu corpo.

> ### Importante!
>
> A criança se apoia totalmente na linguagem corporal para compreender o mundo. É por meio dessa linguagem que ela aprende e se comunica, brincando e se movimentando.

Esse é o estágio marcado pela exploração dos movimentos que fornecem experiências no sentido de aumentar o controle corporal, tais como: andar, marchar, correr, lançar, receber, subir, descer, saltar e cair (Gallardo; Oliveira; Aravena, 1998). Nessa fase, a quantidade e a qualidade das ações motoras possibilitadas pelo professor são muito importantes para que a criança desenvolva a consciência de seu corpo e de sua posição no mundo.

Sob essa ótica, nas práticas pedagógicas das atividades rítmicas e expressivas com crianças, o profissional deve observar que um maior controle sobre a própria ação será gradativamente alcançado a partir da diminuição da impulsividade motora que predominava quando elas eram apenas bebês.

Assim, o professor deve possibilitar atividades rítmicas e danças explorando percepções sensoriais, partes do corpo e histórias cantadas, de forma a estimular tanto a locomoção quanto o esquema corporal.

Na **transição do estágio inicial ao elementar dos movimentos fundamentais** (entre 3 e 4 anos), a criança apresenta um melhor domínio corporal, o qual permite maior exploração, descoberta e diversificação de movimentos e habilidades.

É relevante destacarmos que, principalmente nessa fase, as crianças copiam o modo e o exemplo daquilo que elas veem ou observam no dia a dia. O mesmo acontece com as habilidades motoras; logo, cabe ao professor mostrar diferentes formas de execução, sem preocupação com o resultado.

Com base na melodia, a dança deve explorar diversas possibilidades de movimentos (abaixar, levantar, rolar, deitar, saltar, mexer braços e cabeça), em ritmos lentos e rápidos, a fim de se exercitar planos, direções, tempos e intenções. Reforçamos que, nessa fase, a imitação de movimentos e as vozes de comando são essenciais para o aprendizado da criança.

Por volta dos 4 e 5 anos, a criança começa a planejar e antecipar ações motoras: ela já pensa antes de agir. Logo, essa fase da infância se constitui em uma grande oportunidade para o aprendizado, pois as ações passam a ser voluntárias. Assim, a criança vai gradativamente desenvolvendo recursos de contenção motora.

Entre 6 e 7 anos de idade, a criança está na **fase de transição entre os estágios elementar e maduro** de execução dos movimentos fundamentais. Nesse período, quando são estimuladas, elas conseguem fazer a maioria das ações que um adulto realiza, inclusive combinando movimentos.

Segundo Gallahue e Donnelly (2008, p. 62), do ponto de vista da atividade muscular, "os recursos de expressividade correspondem a variações do tônus (grau de tensão do músculo), que respondem também pelo equilíbrio e sustentação das posturas corporais".

Na prática pedagógica nas aulas de dança relacionadas a essa fase, as intervenções devem objetivar que as crianças explorem o espaço, desloquem-se de forma criativa – incentivadas por histórias criadas – e percebam o ritmo da música. É importante que essa prática esteja relacionada aos conteúdos ensinados em sala de aula: planos, direções e trajetórias espaciais; ritmos, dos lentos aos rápidos; expressões, a partir de contextos lúdicos; formas e explorações de movimentos por meio de materiais como balões, tecidos e caixas. Todas essas ações incentivam o imaginário e a expressividade corporal da criança.

Os fundamentos da dança e as ações corporais – dos mais simples aos mais complexos – podem ser explorados de forma pedagógica, com sequências coreográficas simples e contextualizadas para o imaginário infantil. Por isso falamos em brincar: trata-se de um prazer que corresponde às necessidades dessa etapa da infância.

Em aulas de dança voltadas para o público infantil, o objetivo deve se concentrar em estimular o interesse das crianças pela dança, desenvolvendo nelas habilidades (como concentração, criatividade, memorização, socialização, respeito e disciplina), capacidades (como ritmo, flexibilidade e coordenação motora) e a aprendizagem do conteúdo (como a nomenclatura referente aos passos, às posições e ao desenvolvimento de determinada modalidade).

A aprendizagem prazerosa do conteúdo proposto será a base para que a criança se desenvolva na dança de forma autoconfiante, possibilitando avanços futuros.

6.3 A dança na segunda infância e na adolescência

A segunda fase da infância e a adolescência, conforme apontado na Figura 6.1, inicia-se pela **transição da fase motora fundamental** (que se encerra aos 7 anos) à **fase motora especializada** (aproximadamente, dos 14 anos até a vida adulta).

Observe que a **fase motora especializada** compreende os seguintes estágios significativos: **transitório** (dos 7 aos 10 anos); **de aplicação** (dos 11 aos 13); e **de utilização permanente** (a partir dos 14 anos). Todos eles devem ser considerados na elaboração das propostas de trabalho com a dança.

Com relação à importância de se trabalhar a dança com alunos dessa faixa etária, um fator que também precisa ser considerado diz respeito, ironicamente, a uma diminuição da capacidade de expressão corporal da criança, inerente à linguagem infantil, que vai se agravando no decorrer das fases de escolarização.

Na exploração dos conteúdos da dança, da mesma forma que para as faixas etárias anteriores, devem ser possibilitados às crianças espaços contextualizados e culturalmente significativos, em que elas possam vivenciar os movimentos numa multiplicidade de situações para ampliar o repertório corporal, em vez de simplesmente reproduzirem exercícios mecânicos de forma automatizada.

Quanto à aprendizagem de habilidades motoras, entre 6 e 10 anos de idade, a criança passa do estágio maduro dos movimentos fundamentais para a fase de transição dos movimentos especializados.

De acordo com Gallahue e Ozmun (2005, p. 46), o "estágio maduro de movimentos fundamentais é caracterizado como: mecanicamente eficiente e coordenado; e de execução controlada, tanto nas habilidades fundamentais locomotoras e manipulativas, quanto nas estabilizadoras". Portanto, trata-se de uma fase em que o aluno já apreendeu a mecânica do movimento.

A aprendizagem na dança deve ser contextualizada, possibilitando que os alunos comecem a perceber suas capacidades e seus limites corporais, adquirindo um desenvolvimento mais integrado de imagem corporal, a fim de que possam experimentar avanços significativos na vivência e compreensão dos movimentos.

As ações corporais propostas nos fundamentos da dança, conforme já discutimos nos capítulos anteriores, estão presentes nas habilidades locomotoras, manipulativas e de estabilização de movimentos fundamentais.

No trabalho com a dança, as **habilidades locomotoras** referem-se às ações que indicam uma mudança na localização do corpo em relação ao espaço, como passos de membros inferiores, deslocamentos e formações, direções, trajetórias e planos de movimento. Gradativamente, tais habilidades devem ser acrescentadas no planejamento, tanto de forma isolada quanto combinadas entre si. As **habilidades manipulativas**, por sua vez, dizem respeito à interação com objetos e com o espaço. Já as **habilidades estabilizadoras** ou **de equilíbrio** são caracterizadas por movimentos contra a força da gravidade, os quais, dentro de uma frase rítmica, reúnem a exploração de todas as ações articulares, bem como dos movimentos de torção e rotação, rolamentos, saltos e giros.

Na perspectiva desenvolvimentista humana, entre os 6 e 7 anos, a aproximação é marcada pela transição das brincadeiras de representação simbólica, mais individualizadas, para as brincadeiras sociais, com regras.

Dessa forma, nessa fase, as crianças ainda apresentam dificuldades de se organizar em grupos. Sendo assim, as intervenções do professor devem partir do grupo todo para pequenos grupos, buscando a socialização por meio de situações-problema nas atividades de dança.

Sob essa ótica, propostas como tocar determinadas partes do corpo do colega ao final de um tempo rítmico, dançar em duplas ou grupos, unindo partes do corpo predeterminadas, ou numerar alunos ímpares e pares para executarem juntos, determinada ação motora fazem o contato corporal e a socialização acontecerem de forma natural nas aulas de dança.

Outra característica predominante nessa fase é a diferenciação das experiências e competências de movimento de meninos e meninas, por questões culturais advindas de vivências anteriores. Em geral, os meninos revelam maior desenvoltura em jogos nos quais competências como força e velocidade são privilegiadas, ao passo que as meninas costumam levar vantagem em atividades que envolvem expressão, ritmo e coordenação.

As crianças têm seus próprios conhecimentos prévios referentes aos diversos temas da cultura corporal de movimento, "frutos de experiência pessoal, das vivências dentro do grupo social em que estão inseridas e das informações veiculadas pelos meios de comunicação." (Brasil, 1997b, p. 45).

As experiências pessoais e os conhecimentos de dança que os alunos levam para a sala de aula são influenciados pela cultura e pelo grupo social em que eles estão inseridos.

Observe a seguir um exemplo de situação-problema que o professor de Educação Física pode desenvolver com alunos dessa faixa etária em sala de aula.

> Numa atividade que aborda o conteúdo "peso/pegadas em dança", o professor, considerando determinado tempo rítmico, apresenta desafios em vozes de comando, tais como: "Em grupos de cinco, todos devem manter contato físico, mas apenas dois podem ter os dois pés no solo". Isso significa que alguns aprendizes terão de ser, de certa forma, levantados por outros.
>
> Observe que essa proposta tira o foco da divisão de grupos, pois tem como objetivo a ação motora: cada aluno encontra seu papel (levantar ou ser levantado) e, ao mesmo tempo, essa vivência é carregada de sensações e experiências corporais a serem construídas por cada um deles.

Na faixa etária entre os 7 e 10 anos, outro ponto a se considerar é a exploração das dimensões espaciais, uma vez que as crianças estão construindo a representação mental de seus deslocamentos e posicionamentos, conteúdos a serem explorados na dança, na forma de resolução de problemas como agente desafiador.

Sob essa ótica, o trabalho com o espaço deve ser privilegiado, com planos de movimento, direções e trajetórias desenvolvidas de forma crescente e desafiadora.

Por exemplo, na abordagem do conteúdo das direções espaciais na dança, a sequência coreográfica aprendida pelo grupo pode partir de direções previamente determinadas. Isso permitirá o exercício de potencialidades e limites individuais, contribuindo para o aprendizado e a autoconfiança dos aprendizes, fortalecendo o protagonismo individual e, ao mesmo tempo, tirando o foco da ação das crianças para com o grupo – que, muitas vezes, acaba limitando a *performance*.

Na faixa etária dos 11 aos 14 anos, que corresponde à fase final do ensino fundamental (6º ao 9º ano), o adolescente passa gradativamente a combinar habilidades motoras e a realizar movimentos tecnicamente mais elaborados. Essa fase é caracterizada pela combinação de diferentes habilidades motoras, bem como pela seleção e pelo aperfeiçoamento de movimentos tecnicamente mais complexos.

Quanto à aprendizagem de habilidades motoras, nessa faixa etária, o aluno está no estágio de aplicação da fase motora especializada. O trabalho com a dança, apesar da predominância da expressão, do ritmo e da coordenação, apresenta competências de força, flexibilidade, agilidade e resistência (muscular e cardiovascular), as quais devem ser igualmente exploradas, constituindo-se como um agente desafiador para a prática.

Por sua vez, no estágio de aplicação, os alunos se entregam à prática de modalidades esportivas, lutas, ginásticas ou danças de seu interesse, principalmente por conta de experiências anteriores bem-sucedidas, bem como de fatores biótipos e culturais e de aspectos de personalidade. Nessa faixa etária, eles são altamente competitivos.

Preste atenção!

Os discentes que se matriculam em aulas de dança nas academias ou em grupos, em geral, já tiveram vivências nessa arte e querem se apropriar dela, vivenciando-a com mais intensidade. Sob essa ótica, os objetivos ficam mais claros, e, ao mesmo tempo, as intervenções do professor no trabalho com a dança devem presumir estratégias com regras desafiadoras de combinação de habilidades cada vez mais complexas dentro das respectivas modalidades, conciliando formas e conteúdos.

No âmbito escolar, o trabalho com a dança também deve se valer de estratégias desafiadoras de ensino, buscando explorar as potencialidades do corpo expressivo do aluno tanto para sua comunicação no seu meio social quanto para a democratização das diferentes modalidades de dança, com a finalidade prática de lazer, saúde ou até mesmo, como profissão.

O entendimento das características dessa fase é de extrema importância para o desenvolvimento das aulas de dança, seja nas academias, seja no âmbito escolar.

Essa fase é marcada pela adolescência, "período de transição entre a infância e a vida adulta caracterizado pelos impulsos do desenvolvimento físico, mental, emocional, sexual e social e pelos esforços do indivíduo em alcançar os objetivos relacionados às expectativas culturais da sociedade em que vive." (Eisenstein, 2005, p. 6).

Nessa faixa etária, as alterações hormonais e as mudanças físicas são rápidas e profundas. Além disso, ocorre o desenvolvimento da capacidade de pensamento abstrato, em que a busca por uma identidade própria é amparada pelos amigos que ajudam o adolescente a construir sua autoimagem.

> A adolescência se inicia com as mudanças corporais da puberdade e termina quando o indivíduo consolida seu crescimento e sua personalidade, obtendo progressivamente sua independência econômica, além da integração em seu grupo social. Os limites cronológicos da adolescência são definidos pela Organização Mundial da Saúde (OMS) entre 10 e 19 anos. (Eisenstein, 2005, p. 6)

Numa perspectiva desenvolvimentista, nas aulas de dança, o professor de Educação Física deve considerar que, na adolescência, meninos e meninas voltam a se aproximar. Simultaneamente, eles sentem necessidade de se exibir corporalmente; porém, há, em muitos casos, vergonha de expor o corpo, o que acarreta problemas ao desempenho.

Assim, durante a aprendizagem de determinada habilidade na dança, o professor deve proporcionar atividades que não coloquem corporalmente os alunos em evidência diante do restante da sala. Nesse sentido, ele deve recorrer a estratégias de grupo em que cada estudante tenha uma função, na intenção de que todos executem ações ao mesmo tempo.

Dessa forma, as aulas de dança podem representar uma oportunidade para que meninos e meninas observem-se, descubram-se e possam aprender a trabalhar em grupo, compreender as diferenças e a ser tolerantes (sem atitudes discriminatórias).

Nessa fase, o adolescente começa a pensar como um adulto, embora ainda revele muito da criança.

> É de fundamental importância que o professor de Educação Física Escolar tenha cuidados especiais ao relacionar-se com esse jovem, uma vez que ele já "começou" a entender a simbologia que explica as coisas abstratas: ódio, amor, confiança, respeito, etc., estas coisas começam a fazer sentido para ele. É um estágio singular, pois ao mesmo tempo em que deve ser respeitado como criança, não se pode perder de vista o respeito que se tem por um adulto. Isso dá um sentido especial ao se trabalhar de 5ª a 9ª série. (Gallardo, 2005, p. 72)

Na dança, a exploração de vivências corporais com emoções adversas (como raiva e calma, alegria e tristeza etc.) possibilita ao estudante experimentar lugares e posições, trabalhando internamente essas sensações que muito contribuem para seu crescimento pessoal.

De acordo com Gallahue e Donnelly (2008), numa perspectiva desenvolvimentista, a partir dos 14 anos de idade, as habilidades motoras aprendidas vão se tornando práticas da vida diária, sejam recreativas, seja para competição.

Dessa forma, o professor de Educação Física, no trabalho com a dança, tem quatro áreas distintas para desenvolver com os alunos: a prática da dança nas aulas de Educação Física no ensino médio; grupos de dança com finalidade recreativa; grupos de dança visando à simples prática da modalidade; grupos de dança formativos para competição e rendimento.

Especificamente no ensino médio, na faixa etária entre 15 e 17 anos, os alunos se encontram numa fase de conflitos físicos e psicológicos que influencia seus estados de ânimo e autoestima. Para o adolescente, o corpo se transforma cada vez mais no principal foco de atenção, pois se trata de uma carta de aceitação pelos pares e da busca por uma identidade própria.

Sendo assim, os fundamentos da dança devem ser desenvolvidos levando-se em conta essas características. Assim, o professor pode conseguir propor um ensino contextualizado e relevante para o jovem, de forma que ele se sinta construtor e transformador da realidade.

Sob essa ótica, é importante explorar temáticas atualizadas e problematizadas, por meio das quais os conteúdos e a alfabetização do corpo dançante tenham uma produção significativa para o aluno.

Considerando a mesma faixa etária, nos grupos de dança com finalidades recreativas ou para práticas de atividade física, os mesmos pressupostos devem ser considerados. Porém, para grupos de dança com finalidades de rendimento, outros aspectos devem ser levados em conta. Em geral, para esses grupos, exige-se a prática e dedicação desde a infância até a idade adulta.

Nesse sentido, um treinamento específico para a respectiva modalidade deve ser realizado desde o início, de forma que a preparação física se faça presente e atenda às habilidades técnicas da dança, evitando lesões e preservando a saúde do bailarino.

Os estilos de dança (balés clássico, moderno e contemporâneo; danças de rua e de salão; sapateado; danças populares etc.) possuem técnicas corporais distintas. Por isso mesmo, cada uma exige um treinamento técnico e uma preparação física específica, contemplando capacidades motoras diferentes.

No que diz respeito à preparação física de dançarinos e bailarinos, nos grupos ela costuma ser realizada apenas nas aulas e nos treinos específicos de dança. Essa é uma realidade preocupante, pois, independentemente do estilo, a amplitude de movimentos articulares é extremamente exigida para a realização de movimentos, assim como as capacidades de força e resistência muscular e as de aptidão cardiorrespiratória e de equilíbrio dinâmico e estático. Enfim, no trabalho com a dança, é preciso considerar a preparação física somada à expressão e à plasticidade das formas.

Nesse sentido, salientamos que a contribuição do profissional de educação física é de extrema valia, seja como professor de dança, seja como responsável pela saúde corporal de um grupo de bailarinos ou dançarinos. Atualmente, muitos grupos profissionais têm se valido da rica experiência do educador físico na preparação do corpo para a dança.

6.4 A dança educativa

Nesta seção, abordaremos os conteúdos da dança numa perspectiva educativa, independentemente de estilos, faixas etárias, espaços e finalidades de prática. Buscaremos a essência da dança como linguagem humana traduzida em ações corporais, temporais e espaciais.

Um encaminhamento metodológico para a dança educativa deve buscar, inicialmente, o entendimento da dança como linguagem corporal, com seus elementos estruturantes inter-relacionados e contextualizados, objetivando um maior exercício de possibilidades e vivências de comunicação e expressão do corpo, considerando suas diferentes esferas e interações sociais.

Dessa forma, cabe ao professor trabalhar os seguintes componentes: os conhecimentos prévios do aluno; a aplicação gradual do conteúdo sistematizado proposto nos fundamentos da dança; os repertórios avaliativos que permitam a construção continuada dos conhecimentos da dança.

Os conhecimentos prévios do estudante dizem respeito ao que ele traz como referência de dança. Esse mapeamento possibilita contextualizar os conteúdos considerando os cotidianos dos estudantes.

A aplicação gradual do conteúdo sistematizado é a apoteose de todas as discussões expostas nesta obra e, no nosso entendimento, é o início do preenchimento da lacuna existente na formação do professor de Educação Física para o trabalho com a dança.

Dessa forma, o docente deve apresentar os fundamentos da dança organizando atividades e vivências corporais, para que os aprendizes tenham condições de assimilá-los e recriá-los, gerando a apreensão do conhecimento e o aumento do repertório corporal expressivo.

Lembre-se de que nosso objetivo primário é que o aluno, com base em suas referências individuais, vivencie e aprenda diferentes formas, tempos, espaços e intenções de manifestação do corpo, de forma a potencializar as capacidades de comunicação e ação como cidadão e agente construtor da história de seu ambiente.

Assim, com base nos fundamentos da dança, apresentamos, na Figura 6.2, uma síntese do conteúdo básico sistematizado a ser explorado.

Figura 6.2 Síntese dos conteúdos de dança

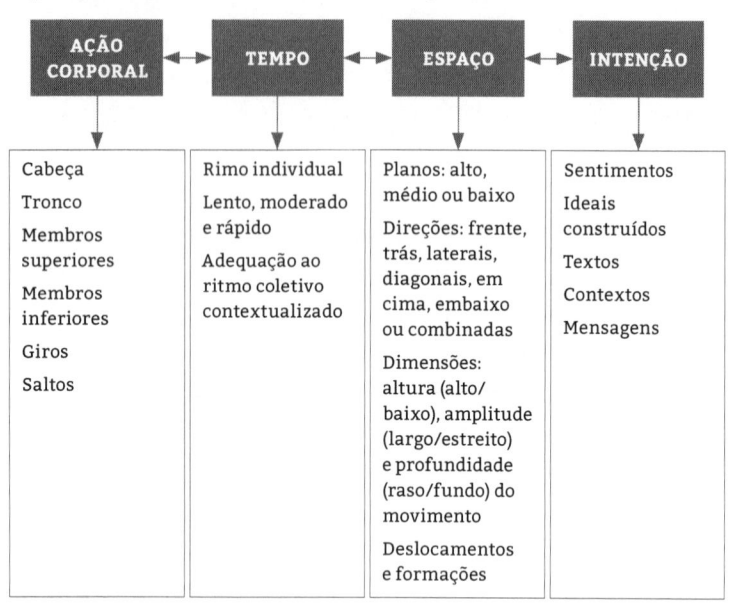

AÇÃO CORPORAL	TEMPO	ESPAÇO	INTENÇÃO
Cabeça Tronco Membros superiores Membros inferiores Giros Saltos	Rimo individual Lento, moderado e rápido Adequação ao ritmo coletivo contextualizado	Planos: alto, médio ou baixo Direções: frente, trás, laterais, diagonais, em cima, embaixo ou combinadas Dimensões: altura (alto/baixo), amplitude (largo/estreito) e profundidade (raso/fundo) do movimento Deslocamentos e formações	Sentimentos Ideais construídos Textos Contextos Mensagens

Tais conteúdos propostos devem ser desenvolvidos tanto na vertical quanto na horizontal, buscando significados e contextos para a linguagem da dança em todas as aulas. Na horizontal, os quatro elementos estruturantes se inter-relacionam: ação corporal, tempo, espaço e intenção. Na vertical, estão as variações e possibilidades de movimento de que cada elemento estruturante é composto.

Como exemplo, podemos explorar movimentos de tronco, em ritmo lento e rápido, nos planos alto e baixo, em direções diversas, a partir de palavras que denotem sensações: tronco expandido baixo ou alto, tronco contraído, e assim sucessivamente.

No ensino-aprendizagem da dança, a avaliação deve ser contínua, de forma a priorizar individualmente os aspectos qualitativos e quantitativos abordados no processo de aquisição de conhecimentos e habilidades.

Como já comentamos, numa perspectiva educativa, a produção final coreográfica é de pequena importância, pois o que importa é a aquisição de habilidades e competências durante todo o processo. Por outro lado, a partir das finalidades de performance no grupo de rendimento, as especificidades e os objetivos da coreografia devem ser atendidos, pois se constituem no ápice do trabalho.

Ressaltamos, ainda, que cada conteúdo deve ser planificado, com seus referidos objetivos e processos avaliativos, os quais fundamentarão a sequência da construção do processo de ensino-aprendizagem na dança.

6.5 Estrutura e planejamento das aulas de dança

As aulas de dança, assim como as outras temáticas da cultura de movimento, devem ser estruturadas em quatro fases: parte inicial, parte principal, parte avaliativa e parte final.

A parte inicial, com duração média entre 5% e 10% da aula, compreende as atividades preparatórias para o conteúdo aplicado na aula. Nessa parte, deve ocorrer o aquecimento orgânico e muscular, por meio de movimentos de flexibilidade articular e alongamentos com baixa intensidade. Já nessa parte também podem ser utilizadas sequências coreográficas simples, com movimentos globais que já sejam conhecidos pelos alunos.

Na parte principal, com duração entre 35% e 40% da aula, as propostas de atividades devem privilegiar não só os novos conteúdos, mas também os já abordados. Esse é o espaço para a inserção de novas temáticas ou para o aprimoramento das habilidades já conquistadas. Como exemplos de conteúdos, podemos citar os giros, os saltos, os alongamentos, a musicalidade e os passos básicos. Tais aulas podem ser realizadas em grupos ou individualmente, com deslocamentos em diagonais no espaço da sala.

A parte avaliativa deve durar, aproximadamente, entre 5% e 10% da aula, sendo destinada às produções coreográficas ou improvisações práticas, por meio das quais o estudante pode exercitar os conteúdos aprendidos. Trata-se de uma fase de extrema importância tanto para a autoavaliação do aluno (que reconhece as possibilidades e os limites a serem superados) quanto para promover a continuidade das propostas do professor com o grupo.

A parte final, com duração entre 5% e 10% da aula, destina-se ao relaxamento orgânico e muscular, através de exercícios de alongamento de baixa intensidade, retomando o conteúdo aprendido para identificar as impressões dos aprendizes. É de extrema importância a troca de informações com o grupo, permitindo aos alunos que expressem suas percepções sobre as práticas corporais vivenciadas.

6.5.1 Planejamento das aulas de dança no ambiente escolar

No ambiente escolar, algumas especificidades devem ser consideradas no planejamento das aulas de dança. A primeira delas diz respeito à própria finalidade da exploração da dança, que é a **democratização do conteúdo**.

Nas aulas de Educação Física, os alunos não se matriculam para as aulas de dança, assim como, *a priori*, não buscam antecipadamente aulas de ginástica ou esportes. Em outras palavras, na escola, os estudantes não escolhem ter aulas de dança. Essa realidade é muito diferente do ambiente das academias ou de grupos de dança, em que os aprendizes ingressam já com o objetivo de se especializar em determinado(s) estilo(s). Dessa forma, cabe ao professor, na abordagem do conteúdo de dança nas aulas de Educação Física, democratizar sua prática e conquistar os discentes para essa aprendizagem, pois, para muitos, pode representar o primeiro contato com a dança.

A segunda especificidade a ser considerada é o **conhecimento prévio dos alunos** referentes à dança. Em geral, nas escolas, encontramos jovens, principalmente do gênero masculino (talvez por questões culturais), com vivência restrita em atividades rítmicas e expressivas. Também é comum haver estudantes que se neguem a praticar a dança por conta de motivos religiosos. Ainda, como já mencionamos, há certa valorização das reproduções coreográficas vistas nas mídias.

Nessa perspectiva, o planejamento prévio do docente deve priorizar os conteúdos referentes aos fundamentos da dança. Logo, além de analisar as fases de desenvolvimento humano, é importante planejar estratégias de ensino para uma efetiva aplicação dos conteúdos, tendo em vista a realidade e o contexto em que a escola está inserida. Por exemplo: a comunidade da qual a escola faz parte pode contar com um forte aparato religioso que influencia a prática da dança, ou possuir um salão de baile local onde determinado estilo de dança é amplamente praticado etc.

A terceira especificidade a ser compreendida é o próprio **movimento expressivo corporal**. Numa perspectiva educativa, a dança visa construir um corpo que se comunica melhor e transforma a realidade ao redor. Porém, para se comunicar e se expressar com o corpo, é preciso haver movimento. Em linha oposta, percebemos que o movimento dos alunos é visto como desordem pela comunidade escolar, e não como uma oportunidade de aprendizagem.

Parece que, na mesma medida em que os anos de escolarização vão sendo vivenciados, o movimento passa a ser cada vez mais negligenciado como agente de disciplina. De acordo com Foucault (1987, p. 130): "um corpo disciplinado é a base de um gesto eficiente [...] a disciplina define cada uma das relações que o corpo deve ter".

O mesmo movimento valorizado na educação infantil é desprezado no processo de ensino-aprendizagem a partir dos primeiros anos do ensino fundamental. Em outras palavras, a escola, que a princípio é um agente de democratização do conteúdo da dança, revela alguns desafios que devem ser superados. No nosso entendimento, essa realidade contribui para fortalecer a contribuição de profissionais da área como educadores de um corpo cidadão.

Por fim, a quarta especificidade a ser considerada no planejamento das aulas de dança é a **distribuição das temáticas da cultura de movimento**, objeto da Educação Física no período de escolarização – sem considerar a questão curricular da disciplina, que ainda carece de muitos estudos e investigações.

Na realidade escolar, em que, muitas vezes, as aulas de Educação Física são intercaladas com outras disciplinas, é preciso considerar a carga horária despendida para o trabalho com a dança.

A carga horária refere-se ao tempo destinado à aula (em geral, 50 minutos), com duas aulas semanais e 16 bimestrais para o desenvolvimento do conteúdo. Cabe ao professor, dentro desse período restrito, administrar um planejamento que seja significativo para os alunos. É papel do docente utilizar o tempo disponível com o máximo de qualidade e elencar os conteúdos mais pertinentes para as respectivas turmas de sua responsabilidade, considerando todos os aspectos já mencionados.

Sugerimos que o planejamento seja representado por 16 momentos de contato com o aluno (que se referem aos 16 encontros bimestrais). Neles, vale mais a pena abordar apenas alguns conteúdos com profundidade do que explorar vários superficialmente. Essa estratégia é importante para que o discente, nos diversos níveis de escolarização, perceba a dança como linguagem.

Para subsídio do professor, apresentamos no Quadro 6.1 um exemplo de planejamento para a exploração contextualizada da dança no ambiente escolar.

Chamamos sua atenção para dois fatores a serem analisados na elaboração dessa proposta:

1. Observe que os fundamentos mínimos propostos nos capítulos anteriores não foram, nem poderiam ser, totalmente esgotados no período de um bimestre.

2. Os conteúdos sistematizados devem partir do conhecimento prévio dos estudantes e envolver a participação e a construção coletiva durante o processo, no sentido de que uma coreografia ou sequência seja apenas o resultado ou o produto final de uma proposta pedagógica construída durante as aulas.

Quadro 6.1 Proposta de planejamento bimestral de dança

Aulas (n = 16)	Competências e habilidades	Objetivos	Estratégias
1ª	Apresentação da dança	Levantamento dos conhecimentos prévios dos alunos, a fim de despertar neles o interesse pela dança.	Avaliação diagnóstica do conteúdo "dança". Sugestões de propostas significativas com base nas características dos alunos.
2ª 3ª	Ritmo e métrica (tempo)	Vivência de ritmo individual e de ritmos diversos dentro de uma métrica e adequação ao ritmo coletivo contextualizado.	Proposição de temáticas com base na avaliação diagnóstica. Busca por ritmos a partir do tema explorado. Solicitação de pesquisas sobre o tema.
4ª 5ª	Exploração de membros inferiores	Execução de movimentos com membros inferiores característicos do tema e criação de frases coreográficas de 8 tempos.	Contextualização dos movimentos considerando o ritmo e o tema. Compartilhamento de pesquisas e de resultados com o grupo.
6ª 7ª	Deslocamentos e formações (espaço)	Execução de frases coreográficas em diferentes deslocamentos e formações.	Contextualização de movimentos, ritmos e temas. Formação de enredos (com começo, meio e fim) considerando possibilidades de deslocamentos e formações.

(continua)

(Quadro 6.1 – conclusão)

Aulas (n = 16)	Competências e habilidades	Objetivos	Estratégias
8ª 9ª	Exploração de membros superiores	Desenvolvimento de movimentos com membros superiores característicos do tema e criação de frases coreográficas de 8 tempos.	Contextualização de todo o conteúdo abordado, problematizando a combinação das frases.
10ª 11ª	Giros	Criação de formas de giros característicos do tema e de frases coreográficas de 8 tempos.	Contextualização de todo o conteúdo abordado, problematizando a combinação das frases.
13ª 14ª	Frases coreográficas	Elaboração de blocos com as frases construídas e o enredo proposto.	Seleção de uma música (tema) e apresentação de sua divisão em blocos de 8 tempos.
15ª	Memorização da sequência coreográfica	Execução da proposta coreográfica dentro do enredo proposto.	Utilização de figurinos e cenários simples para favorecer a expressão do enredo.
16ª	Coreografia	Apresentação da produção final coreográfica.	Valorização e apreciação da produção do(s) grupo(s), apontando os fundamentos utilizados, as críticas construtivas e a importância da mensagem proposta pelo enredo.

Ao trabalhar os conteúdos da dança numa proposta educativa, permite-se a vivência e o aumento do repertório corporal expressivo por meio dos fundamentos propostos. Em outros termos, o aluno não reproduz movimentos estereotipados; em vez disso, ele adquire competências e habilidades que, com as intervenções do professor, possibilitam a construção coreográfica contextualizada numa determinada temática, mediante a linguagem corporal.

Sem dúvidas, há um extenso rol de conteúdos que fazem parte do universo da dança e que devem ser possibilitados aos estudantes. Por isso, é preciso haver uma organização e um planejamento de forma que, a cada ano, os conteúdos sejam diversificados e aprofundados, tendo em vista as características de desenvolvimento humano.

No planejamento das aulas de dança que compõem o plano bimestral, alguns pontos também precisam ser considerados para subsidiar o trabalho do professor. São eles: objetivo, divisão das fases da aula, síntese integradora e avaliação formativa.

O **objetivo da aula de dança** deve estar intrinsecamente relacionado ao planejamento bimestral, ou seja, ao conteúdo sistematizado proposto, bem como ao que se espera dos alunos com as atividades desenvolvidas.

Por exemplo, se o objetivo de uma aula é identificar o passo simples em diferentes direções e trajetórias, as atividades direcionadas devem apresentar o conteúdo e possibilitar espaços e tempos de apreensão de acordo com a fase de escolarização.

Quanto à **divisão das fases da aula**, ela deve seguir as mesmas etapas já discutidas (parte inicial, parte principal, parte avaliativa e parte final). É interessante enfatizar que, num primeiro momento, as atividades se referirão à fase de aquecimento, tanto de aspectos fisiológicos quanto motores e psicossociais, tendo como referência a parte principal da aula, em que a contextualização dos atos motores a serem solicitados será imprescindível.

Tendo em vista nosso exemplo de objetivo proposto (passo simples em diferentes direções e trajetórias), o aquecimento poderia possibilitar diferentes formas de andar: apressado, preocupado, lento, saltitante etc. Tais maneiras de andar têm relação com vários ritmos musicais, os quais devem ser propostos.

Num segundo momento, as atividades contemplarão a parte principal da aula, que deverá atender ao objetivo geral proposto.

A apresentação do passo simples a partir da contagem métrica de uma música pode ser solicitada conforme as variações de direções: frente, trás, diagonais (direita e esquerda, frente e trás) e laterais (direita e esquerda), bem como pode ser combinada com outras formas, dentro de uma frase de 8 tempos.

Ainda na fase principal da aula, de acordo com o objetivo proposto, devem ser exploradas as trajetórias diretas, curvas e desenhadas – todas realizadas em frases musicais de 8 tempos.

Num terceiro momento (fase avaliativa da aula), o professor deverá possibilitar aos alunos, a criação de sequências e frases corporais com base no conteúdo explorado. Seguindo o exemplo que estamos utilizando, tal proposta poderia ser a criação em grupos de duas frases corporais de passos simples, explorando direções e trajetórias, somando 16 tempos.

O quarto momento será a parte final da aula, com o relaxamento das estruturas físicas e motoras solicitadas, se necessário. Essa parte também poderá ser destinada à **síntese integradora** da aula, mediante a discussão e reflexão sobre o que foi vivenciado, possibilitando que os discentes compartilhem suas vivências e absorvam o conteúdo.

Por fim, a **avaliação formativa** diz respeito à observação que o professor faz da apreensão do conteúdo, que deve nortear a sequência da próxima aula, uma vez que, por maior que seja o planejamento, cada aula é única e acontece de acordo com inúmeras interferências, positivas ou negativas, do grupo. Por isso, é necessário fazer uma avaliação específica dos alunos.

ⅠⅠⅠ *Síntese*

Neste capítulo, apresentamos a abordagem desenvolvimentista humana, que considera as características motoras, psicossociais e culturais das diferentes faixas etárias, que são divididas em fases:

fase motora reflexiva (até 1 ano de idade); fase motora rudimentar (de um a 2 anos); fase motora fundamental (dos 2 aos 7 anos); fase motora especializada (dos 7 aos 14 anos). A partir desta última, ocorre o estágio de utilização permanente das habilidades motoras na vida diária e/ou em práticas recreativas ou competitivas.

Na sequência, demonstraremos que o desenvolvimento humano pode ser alterado pela individualidade biológica, bem como por fatores ambientais ou comportamentais. Nesse sentido, cada fase compreende estágios de desenvolvimento motor que devem ser considerados no trabalho com a dança.

Sob essa ótica, debatemos que, na primeira infância, o trabalho com as atividades rítmicas e expressivas é de extrema importância para o desenvolvimento da criança. Por isso, é importante que a aplicação desse conteúdo aconteça de forma lúdica, buscando a ampliação gradativa do repertório motor e expressivo do aluno, visto que a expressividade, o equilíbrio e a sustentação das posturas corporais estão diretamente relacionados aos graus de tensão muscular.

Em seguida, analisamos algumas especificidades referentes ao desenvolvimento humano a serem consideradas no trabalho com a dança na segunda fase da infância e na adolescência. Esse período se inicia pela transição entre a fase motora fundamental (7 anos) e a motora especializada (a partir dos 14 anos, aproximadamente).

Assim, a aplicação da dança a criança entre 6 e 10 anos deve considerar mecânicas mais eficientes do movimento e explorar as construções espaciais deles, pois elas estão numa fase de transição para os movimentos especializados, progressivamente construindo a representação mental de seus deslocamentos e posicionamentos corporais no espaço.

Elucidamos, também, que com estudantes de 11 a 14 anos podemos exigir mais técnica nas movimentações da dança, mas sem desconsiderar as transformações da adolescência, como crescimento rápido, alterações hormonais e estados emocionais, sociais e psicológicos conflitantes. Nesse sentido, as vivências corporais da dança podem contribuir bastante para o desenvolvimento dos adolescentes.

Além disso, esclarecemos que a partir dos 14 anos de idade, as habilidades motoras aprendidas se tornam práticas da vida diária, seja para fins recreativos, seja para fins de competição. Logo, se o objetivo é a *performance* a nível de rendimento, exige-se prática e dedicação desde a infância até a idade adulta, com treinamento específico da modalidade. A preparação física, inclusive, deve ser iniciada, atendendo às habilidades técnicas da dança para que seja possível evitar lesões e preservar a saúde do bailarino ou dançarino.

Outro tema de nossas discussões foi que, independentemente do estilo ou da finalidade, um encaminhamento metodológico da dança deve estar alicerçado nos conhecimentos prévios dos alunos, com a aplicação gradual do conteúdo sistematizado e, ainda, das propostas avaliativas para a evolução do trabalho.

Reconhecemos, por fim, as características das fases e os fatores a serem considerados no planejamento das aulas de dança nas academias e nos grupos, bem como as especificidades do trato com o conteúdo da dança no ambiente escolar.

Indicações culturais

Livros

GALLAHUE, D. L.; DONNELLY, F. C. **Educação física desenvolvimentista para todas as crianças**. 4. ed. São Paulo: Phorte, 2008.

Os autores dessa obra analisam a abordagem desenvolvimentista nas aulas de Educação Física, descrevendo as ideias essenciais e dando sugestões práticas para a aplicação dessa abordagem, respeitando a individualidade dos alunos em seu processo de aprendizado.

GALLAHUE, D. L.; OZMUN, J. C.; GOODWAY, J. D. **Compreendendo o desenvolvimento motor**: bebês, crianças, adolescentes e adultos. 7. ed. Porto Alegre: AMGH, 2013.

Nesse livro, os autores abordam as fases do desenvolvimento motor, fazendo uma introdução aos aspectos biológicos, afetivos, cognitivos e comportamentais de cada fase. Os autores apresentam o que há de mais atual em termos de teoria e pesquisa, utilizando o modelo de ampulheta triangulada como estrutura conceitual para auxiliar o leitor no entendimento do desenvolvimento motor de bebês, crianças, adolescentes e adultos.

Atividades de autoavaliação

1. Assinale a alternativa que identifica as habilidades de movimentos fundamentais que devem ser exploradas na dança na infância:
   a) Locomotoras, manipulativas e de estabilização.
   b) Ritmo, métrica e espaço.
   c) Locomotoras, de estabilização e expressivas.
   d) Ritmo, expressão corporal e sequências coreográficas.
   e) Coordenação motora, ritmo e equilíbrio.

2. Indique se as afirmações a seguir são verdadeiras (V) ou falsas (F):
   ( ) Na faixa etária de 11 a 14 anos, a dança deve explorar, dentro da melodia, possibilidades de movimentos como abaixar, levantar, rolar, deitar e saltar, exercitando planos, direções, tempos e intenções. Nessa fase, a imitação de movimentos e as vozes de comando são essenciais para o aprendizado.
   ( ) As aulas de dança na infância devem explorar todos os fundamentos e as ações corporais de forma pedagógica, dos mais simples para os mais complexos, sempre contextualizados com a linguagem lúdica da criança.

( ) A faixa etária entre 6 e 7 anos pertence ao estágio de exploração dos movimentos nas aulas de dança, que fornecerá experiências para melhorar o controle corporal do aluno. A partir da melhora do tônus muscular, o ritmo e a expressividade são desenvolvidos.

( ) Nas atividades propostas nas aulas de dança com alunos entre 7 e 11 anos, o professor deve considerar que, nessa fase, meninos e meninas voltam a se aproximar. Embora ambos revelem a necessidade de se exibir corporalmente, eles sentem vergonha de expor o corpo e de dançar.

( ) O profissional de dança deve reconhecer e respeitar o nível de desenvolvimento do aluno, o qual, por sua vez, ocorre de forma contínua, com a prevalência ou supressão de funções motoras, cognitivas e afetivas, que variam de acordo com as faixas etárias e evolutivas. Além disso, há a influência de aspectos como individualidade biológica e fatores ambientais e culturais.

Agora, assinale a alternativa que corresponde à sequência correta:

a) V, F, F, V, V.
b) V, V, V, F, V.
c) F, F, V, F, F.
d) F, V, V, F, V.
e) F, V, F, V, V.

3. Sobre o trabalho com grupos de dança, assinale a afirmativa correta:

a) Independentemente dos estilos de dança, a preparação física do dançarino ou bailarino deve contemplar o mesmo volume e intensidade de treinamento para as capacidades cardiorrespiratórias, bem como para a aquisição de resistência e força.

b) Em geral, os alunos que compõem os grupos de dança de rendimento têm vivências e práticas desde a infância, com dedicação extrema até a idade adulta. Por isso, devem ter um trabalho técnico e preparação física específicos para as exigências da modalidade praticada.

c) Em grupos de dança com finalidades recreativas (por exemplo, para pessoas idosas), não faz sentido considerar o conhecimento prévio dos alunos em dança, muito menos a aplicação de conteúdos sistematizados propostos nos fundamentos da dança, pois a prática, nessa situação, é de caráter lúdico.

d) O trabalho com a dança, tendo em vista as finalidades de sua prática (formativa, recreativa, com objetivos de socialização ou de competição etc.), não requer uma especialização formativa do profissional de educação física.

e) Em grupos de dança com finalidade competitiva, mesmo na infância, o trabalho técnico e físico deve ser prioridade, assim como os conteúdos do estilo praticado e a expressividade, visto que, para atingir a *performance*, a dedicação é imprescindível.

4. Indique se as afirmações a seguir sobre o planejamento das aulas de dança na escola são verdadeiras (V) ou falsas (F):

( ) A fase de aquecimento na aula deve ser composta por atividades rítmicas e exercícios com as grandes musculaturas, com ênfase nas habilidades a serem solicitadas na parte principal da aula.

( ) O objetivo da aula de dança não deve estar relacionado ao planejamento, mas ser alternado com base no interesse dos alunos.

( ) A parte avaliativa numa aula de dança possibilita que os alunos apresentem suas construções para que o professor pondere suas próximas intervenções diante do conteúdo avaliado.

( ) Na escola, as atividades de relaxamento ao final das aulas de dança são imprescindíveis para que os estudantes retornem à sala mais calmos, garantindo, ao mesmo tempo, maior gasto energético e melhor concentração para as atividades realmente educativas na sala de aula.

( ) Se o objetivo de uma aula é que os alunos executem um giro, a maior parte da aula deverá ser direcionada à aprendizagem do movimento em diferentes espaços e tempos, a fim de possibilitar a descoberta das possibilidades de realização da referida habilidade.

Agora, assinale a alternativa que corresponde à sequência correta:

a) V, F, V, F, V.
b) F, F, V, F, V.
c) V, F, V, F, V.
d) F, F, V, F, V.
e) V, V, V, V, V.

5. Assinale a alternativa que define a dança na escola:

a) A coreografia deve ser o produto final de um trabalho evolutivo, construída durante as aulas de dança.

b) A coreografia deve ser sistematicamente ensaiada, objetivando a sincronização do grupo de alunos e a *performance* na apresentação ao final do bimestre.

c) A reprodução dos passos de dança e de formas de deslocamento é essencial para a efetividade da coreografia, bem como para a avaliação dos conteúdos de dança.

d) A expressão do aluno é inata. Logo, a aplicação de conteúdos referentes a técnicas de ações corporais na dança deve ser desprezada numa perspectiva educativa.

e) Na escola, a dança deve ser aplicada apenas em contraturnos, a partir do interesse do aluno.

Atividades de aprendizagem

Questões para reflexão

1. Pesquise nas escolas de dança de seu bairro as faixas etárias aderentes ao ensino da dança. Discuta com seus pares sobre qual poderia ser a razão para determinadas faixas etárias aderirem mais à dança que outras.

2. Analise nas academias ou em grupos de dança os critérios iniciais, intermediários ou avançados para a permanência nos grupos. Em seguida, converse com seus colegas a respeito de tais critérios, identificando o que há de semelhante e de diferente nas academias ou nos grupos de dança investigados.

Atividade aplicada: prática

1. Entreviste dois professores de educação física que trabalhem com a dança: um que desenvolva determinado estilo de dança em academias ou grupos; e outro que atue com a dança no ambiente escolar. Investigue como eles sistematizam o conteúdo da dança em suas aulas. Com base nos pressupostos discutidos neste capítulo, elabore um texto de, no mínimo, 20 linhas, com suas impressões acerca do encaminhamento da dança na academia e no ambiente escolar pelos respectivos professores entrevistados.

Considerações finais

Finalizamos esta obra evidenciando a necessidade de ampliarmos as discussões sobre a dança no universo da educação física, tanto no que se refere à sistematização dos conteúdos quanto às orientações metodológicas e didático-pedagógicas.

Os desafios apresentados no início desta obra, relacionados à apropriação da arte da dança pelos profissionais da área, dizem respeito a questões culturais advindas das tendências que historicamente construíram nossa área do conhecimento. Tais questões estão refletidas numa abordagem tecnicista em diversas manifestações do movimento humano, ainda arraigadas de forma singela ou, muitas vezes, explícitas na sociedade, alimentadas em cursos de formação inicial de Educação Física.

No que tange ao exercício das atividades rítmicas e expressivas (a forma como conceituamos a dança), a maior fragilidade apresentada se refere ao treinamento do corpo sem uma reflexão sobre o fazer corporal em sua totalidade – ponto que singularmente afasta o universo da dança como linguagem corporal a ser compreendida na área de educação física.

Nossa trajetória de quase duas décadas na área acadêmica permite verificar avanços na forma de pensar o corpo que, em diferentes manifestações corporais, expressa-se na formação do profissional. Entre tais avanços, destacamos uma maior integração das propostas pedagógicas com a comunidade acadêmica, exemplificadas por: carga horária despendida; propostas de ações formativas; e maior interlocução entre as áreas do conhecimento das ciências humanas, sociais, biológicas e da saúde, as quais compõem o universo da educação física.

Sem adentrar no espaço das ciências da motricidade humana – campo no qual, no nosso entendimento, a educação física se situa, o que dá margem a outros debates –, observamos, no ambiente universitário, discussões que ultrapassam os limites da esfera esportiva ao analisarem o movimento humano como produção criativa e comunicação social.

Na compreensão de que muitos caminhos estão sendo percorridos com relação à formação inicial em Educação Física, diante do contexto atual, buscamos, nesta obra, aproximar o profissional do universo da dança, conceituando-a como linguagem corporal e objeto de estudo e prática.

Em nossas discussões históricas da dança, procuramos evidenciar sua rica contribuição social, compreendendo como as diferentes linguagens corporais utilizadas em diversos períodos e na atualidade ecoam vozes e compõem uma forma de pensar o mundo.

Para tanto, apresentamos um campo teórico de competências e habilidades traduzidas nos fundamentos da dança, isto é, expusemos uma metodologia de ensino da dança, contemplando uma sistematização de conteúdos e estratégias de ensino para diferentes faixas etárias, considerando as variadas fases de desenvolvimento humano.

Acreditamos que as abordagens e os questionamentos ressaltados nesta obra podem motivar novos olhares e estudos, bem como um processo reflexivo de professores de Educação Física no trabalho com a dança em suas práticas pedagógicas.

Referências

ARTAXO, I.; MONTEIRO, G. A. **Ritmo e movimento**. Guarulhos: Phorte, 2000.

AZEVEDO F. C. et al. **O que é dança?** In: PRÊMIO EXPOCOM, 22., 2015, Natal.

BARBANTI, V. J. **Dicionário de educação física e do esporte**. São Paulo: Manole, 1994.

BARRETO, D. **Dança...**: ensino, sentidos e possibilidades na escola. São Paulo: Autores Associados, 2004.

BARROS, D.; BRAGA, H. **Ginástica e música**. Rio de Janeiro: Rythmus, 1983.

BARROS, J. M. de C. Considerações sobre o estágio na formação do profissional de educação física. **Revista Educação Física**, Rio de Janeiro, ano II, n. 8, p. 28-32, 2003. Disponível em: <https://www.confef.org.br/extra/revistaef/arquivos/2003/N08_AGOSTO/12_ESTAGIO_NA_FORMACAO_DO_PROFISSIONAL.PDF>. Acesso em: 26 nov. 2018.

BATALHA, A. P.; XAREZ, L. **Sistemática da dança I**: projecto taxonómico. Cruz Quebrada: Edições FMH, 1999.

BEE, H. **A criança em desenvolvimento**. Porto Alegre: Artmed, 2003.

BERTHERAT, T.; BERNSTEIN, C. **O corpo tem suas razões**: antiginástica e consciência de si. São Paulo: M. Fontes, 2003.

_____. **O correio do corpo**: novas vias da antiginástica. São Paulo: M. Fontes, 2001.

BOURCIER, P. **História da dança no Ocidente**. 2. ed. São Paulo: M. Fontes, 2001.

BRAGA, C. S. Linguagens não verbais: lente semiótica para a observação do corpo no baile. **Moringa**, João Pessoa, v. 4, n. 2, p. 11-23, jul./dez. 2013. Disponível em: <http://www.periodicos.ufpb.br/ojs/index.php/moringa/article/download/17685/10116>. Acesso em: 26 nov. 2018.

BRANDALIZE, J.; AVILA, A. B. **Unidade 2**: o conhecimento e as diretrizes curriculares de Educação Física para os anos finais do ensino fundamental e para o ensino médio. Disponível em: <http://www.diaadiaeducacao.pr.gov.br/portals/pde/arquivos/2026-6.pdf>. Acesso em: 26 out. 2018.

BRASIL. Decreto n. 82.385, de 5 de outubro de 1978. **Diário Oficial da União**, Poder Executivo, Brasília, DF, 6 out. 1978a. Disponível em: <http://www.planalto.gov.br/ccivil_03/decreto/1970-1979/D82385.htm>. Acesso em: 26 nov. 2018.

_____. Lei n. 6.533, de 24 de maio de 1978. **Diário Oficial da União**, Poder Legislativo, Brasília, DF, 26 maio 1978b. Disponível em: <http://www.planalto.gov.br/ccivil_03/Leis/L6533.htm>. Acesso em: 26 nov. 2018.

_____. Lei n. 9.394, de 20 de dezembro de 1996. **Diário Oficial da União**, Poder Legislativo, Brasília, DF, 23 dez. 1996. Disponível em: <http://www.planalto.gov.br/ccivil_03/leis/L9394.htm>. Acesso em: 26 nov. 2018.

_____. Lei n. 9.696, de 1º de setembro de 1998. **Diário Oficial da União**, Poder Legislativo, Brasília, DF, 2 set. 1998a. Disponível em: <http://www.planalto.gov.br/ccivil_03/leis/L9696.htm>. Acesso em: 26 nov. 2018.

BRASIL. Ministério da Educação e do Desporto. Secretaria de Educação Fundamental. **Referencial Curricular Nacional para a Educação Infantil**. v. 3. Brasília, 1998b.

BRASIL. Ministério da Educação. Conselho Nacional de Educação. Câmara de Educação Superior. Resolução n. 7, de 31 de março 2004. **Diário Oficial da União**, Brasília, DF, 5 abr. 2004. Disponível em: <http://portal.mec.gov.br/cne/arquivos/pdf/ces0704edfisica.pdf>. Acesso em: 28 nov. 2018.

BRASIL. Ministério da Educação. Secretaria de Educação Fundamental. **Parâmetros Curriculares Nacionais**: Arte. Brasília, 1997a. Disponível em: <http://portal.mec.gov.br/seb/arquivos/pdf/livro06.pdf>. Acesso em: 28 nov. 2018.

_____. **Parâmetros Curriculares Nacionais**: Educação Física. Brasília, 1997b. Disponível em: <http://portal.mec.gov.br/seb/arquivos/pdf/livro07.pdf>. Acesso em: 28 nov. 2018.

CALAIS-GERMAIN, B. **Anatomia para o movimento**: introdução à análise de técnicas corporais. 5. ed. São Paulo: Manole, 2010.

CALAZANS, J.; CASTILHO, J.; GOMES, S. **Dança e educação em movimento**. São Paulo: Cortez, 2003.

CASCUDO, L. da C. **Dicionário do folclore brasileiro**. 10. ed. Rio de Janeiro: Ediouro, 1954.

CHALANGUIER, C.; BOSSU, H. **A expressão corporal**: método e prática. São Paulo: Difel, 1975.

COLETIVO DE AUTORES. **Metodologia do ensino de educação física**. São Paulo: Cortez, 1992.

CONFEF – Conselho Federal de Educação Física. **Resolução n. 046/2002**. 18 fev. 2002. Disponível em: <http://www.confef.org.br/confef/resolucoes/82 >. Acesso em: 28 nov. 2018.

CUNHA, M. **Aprenda dançando, dance aprendendo**. 2. ed. Porto Alegre: Luzatto, 1992.

DARIDO, S. C. **Efeitos de dois procedimentos de apresentação da informação na aprendizagem motora**: demonstração e instrução verbal. 114 f. Dissertação (Mestrado em Educação Física) – Universidade de São Paulo, São Paulo, 1991. Disponível em: <http://www.nuteses.temp.ufu.br/tde_busca/arquivo.php?codArquivo=3873&acordo=>. Acesso em: 28 nov. 2018.

DAWKINS, R. **The Selfish Gene**. Oxford Landmark Science, 1976.

EHRENBERG, M. C. **A dança como conhecimento a ser tratado pela Educação Física escolar**: aproximações entre formação e atuação profissional. 153 f. Dissertação (Mestrado em Pedagogia do Movimento) – Universidade Estadual de Campinas, Campinas, 2003. Disponível em: <http://repositorio.unicamp.br/jspui/bitstream/REPOSIP/275432/1/Ehrenberg_MonicaCaldas_M.pdf>. Acesso em: 28 set. 2018.

EHRENBERG, M. C.; GALLARDO, J. S. P. Dança: conhecimento a ser tratado nas aulas de Educação Física Escolar. **Motriz**, Rio Claro, v. 11, n. 2, p. 121-126, maio/ago. 2005. Disponível em: <http://www.rc.unesp.br/ib/efisica/motriz/11n2/11MCE.pdf>. Acesso em: 28 nov. 2018.

EISENSTEIN, E. Adolescência: definições, conceitos e critérios. **Adolescência e Saúde**, Rio de Janeiro, v. 2, n. 2, p. 6-7, 2005. Disponível em: <http://www.adolescenciaesaude.com/audiencia_pdf.asp?aid2=167&nomeArquivo=v2n2a02.pdf>. Acesso em: 28 nov. 2018.

ELLMERICH, L. **História da dança**. 3. ed. São Paulo: Ricordi, 1964.

FANTINI, W. de S. A dança do rei: o balé de corte e o poder de soberania em Foucalt. **Holos**, Natal, ano 31, v. 1, p. 280-290, 2015. Disponível em: <http://www2.ifrn.edu.br/ojs/index.php/HOLOS/article/download/2553/pdf_165>. Acesso em: 28 nov. 2018.

FARO, A. J. **Pequena história da dança**. 2. ed. Rio de Janeiro: J. Zahar, 1986.

FONTERRADA, M. T. de O. **De tramas e fios**: um ensaio sobre música e educação. 2. ed. São Paulo: Ed. da Unesp; Rio de Janeiro: Funarte, 2008.

FOUCAULT, M. **Vigiar e punir**. Petrópolis: Vozes, 1987.

FUX, M. **Formação em dançaterapia**. São Paulo: Summus, 1996.

GALLAHUE, D. L.; DONNELLY, F. C. **Educação física desenvolvimentista para todas as crianças**. 4. ed. São Paulo: Phorte, 2008.

GALLAHUE, D. L.; OZMUN, J. C. **Compreendendo o desenvolvimento motor**: bebês, crianças, adolescentes e adultos. 2. ed. São Paulo: Phorte, 2003.

_____. _____. 3. ed. São Paulo: Phorte, 2005.

GALLARDO, J. S. P. (Org.). **Educação física escolar**: do berçário ao ensino médio. Rio de Janeiro: Lucerna, 2005.

GALLARDO, J. S. P.; OLIVEIRA, A. B. de; ARAVENA, C. J. O. **Didática da educação física**: a criança em movimento – jogo, prazer e transformação. São Paulo: FTD, 1998.

GARAUDY, R. **Dançar a vida**. 4. ed. Rio de Janeiro: Nova Fronteira, 1980.

GARIBA, C. M. S.; FRANZONI, A. Dança escolar: uma possibilidade na educação física. **Movimento**, Porto Alegre, v. 13, n. 2, p. 155-171, maio/ago. 2007. Disponível em: <http://www.seer.ufrgs.br/Movimento/article/download/3553/1952>. Acesso em: 28 nov. 2018.

GASPAR, L. Danças indígenas do Brasil. **Pesquisa Escolar Online**, Fundação Joaquim Nabuco, Recife, 25 maio 2011. Disponível em: <http://basilio.fundaj.gov.br/pesquisaescolar/index.php?option=com_content&view=article&id=839:dancas-indigenas-do-brasil&catid=39:letra-d>. Acesso em: 28 nov. 2018.

GIGUERE, M. **Dança moderna**: fundamentos e técnicas. Barueri: Manole, 2016.

GIORDANO, G. **Jazz Dance Class**: Beginning thru Advanced. Trenton: Princeton Book Company, 1992.

GOMES-DA-SILVA, E.; SANT'AGOSTINO, L. H. F.; BETTI, M. Expressão corporal e linguagem na educação física: uma perspectiva semiótica. **Revista Mackenzie de Educação Física e Esporte**, São Paulo, v. 4, n. 4, p. 29-38, 2005. Disponível em: <http://editorarevistas.mackenzie.br/index.php/remef/article/download/1307/1014>. Acesso em: 28 nov. 2018.

HASS, A. N.; GARCIA, A. **Expressão corporal**: aspectos gerais. Porto Alegre: EDIPUCRS, 2008.

HASS, A. N.; GARCIA, A. **Ritmo de dança**. 2. ed. Canoas: Ed. da Ulbra, 2006.

JESUS, G. B. de. **As atividades rítmicas e a Educação Física escolar**: possibilidades de um trato em outro ritmo. 218 f. Dissertação (Mestrado em Ciências da Motricidade) – Universidade Estadual Paulista, Rio Claro, 2008. Disponível em: <https://repositorio.unesp.br/bitstream/handle/11449/96063/jesus_gb_me_rcla.pdf?sequence=1&isAllowed=y>. Acesso em: 28 nov. 2018.

KASSING, G. **Ballet**: fundamentos e técnicas. Barueri: Manole, 2016.

KILHIAN, K. **Qualidades do som**. 5 fev. 2014. Disponível em: <https://www.obaricentrodamente.com/2014/02/qualidades-do-som.html>. Acesso em: 26 nov. 2018.

LABAN, R. **Dança educativa moderna**. São Paulo: Ícone, 1990.

_____. **Domínio do movimento**. 5. ed. São Paulo: Summus, 1978.

LE BOULCH, J. **O desenvolvimento psicomotor**: do nascimento até 6 anos – a psicocinética na idade pré-escolar. Porto Alegre: Artes Médicas, 1992.

LEAL, M. **A preparação física na dança**. Rio de Janeiro: Sprint, 1998.

LOUPPE, L. **Poética da dança contemporânea**. 3. ed. Lisboa: Orfeu Negro, 2012.

MAFFIOLETTI, L. de A. Cantigas de roda. **Revista Pátio: Educação Infantil**, Porto Alegre, ano 2, n. 4, abr./jul. 2004.

MAGALHÃES, M. C. A dança e sua característica sagrada. **Existência e Arte**, São João Del Rey, ano 1, n. 1, p. 1-4, 2005. Disponível em: <https://ufsj.edu.br/portal-repositorio/File/existenciaearte/Edicoes/1_Edicao/A%20danca%20e%20sua%20caracteristica%20sagrada%20Marta%20Claus%20Magalhaes.pdf>. Acesso em: 28 nov. 2018.

MARQUES, I. **Dançando na escola**. 2. ed. São Paulo: Cortez, 2003.

_____. **Ensino de dança hoje**: textos e contextos. São Paulo: Cortez, 1999.

_____. _____. 2. ed. São Paulo: Cortez, 2001.

MARRA, J. R. **Catira**: performance e tradição na dança caipira. 160 f. Dissertação (Mestrado em Performances Culturais) – Universidade Federal de Goiás, Goiânia, 2016. Disponível em: <https://repositorio.bc.ufg.br/tede/bitstream/tede/7293/5/Disserta%c3%a7%c3%a3o%20-%20Juliana%20Ribeiro%20Marra%20-%202016.pdf>. Acesso em: 28 nov. 2018.

MATTOS, M. G.; NEIRA, M.G. **Educação física infantil**: inter-relações – movimento, leitura, escrita. 2. ed. São Paulo: Phorte, 2007.

MENDES, M. G. **A dança**. São Paulo: Ática, 1987.

MEUR, A. de; STAES, L. **Psicomotricidade**: educação e reeducação. São Paulo: Manole, 1984.

MICHAUT, P. **História do ballet**. São Paulo: Difel, 1978. (Coleção Saber Atual).

MILLER, J. **A escuta do corpo**: sistematização da técnica Klauss Vianna. São Paulo: Summus, 2007.

MUNDIM, A. C. da R. Uma possível história da dança jazz no Brasil. In: FÓRUM DE PESQUISA CIENTÍFICA EM ARTE, 3., 2005, Curitiba. **Anais**... Curitiba: Embap, 2005. p. 96-108. Disponível em: <https://www.republicacenica.com.br/downloads/textos/Jazz%20embap.pdf>. Acesso em: 28 nov. 2018.

MUNDO DA DANÇA. Disponível em: <http://www.mundodadanca.art.br/>. Acesso em: 28 nov. 2018.

MUNIZ, Z. Rupturas e procedimentos da dança pós-moderna. **Revista O Teatro Transcende**, Blumenau, v. 16, n. 2, p. 63-80, 2011. Disponível em: <http://proxy.furb.br/ojs/index.php/oteatrotranscende/article/download/2688/1754>. Acesso em: 28 nov. 2018.

NANNI, D. **Dança educação**: princípios, métodos e técnicas. Rio de Janeiro: Shape, 2001.

_____. **Ensino da dança**. 4. ed. Rio de Janeiro: Shape, 2003.

NEIRA, M. G. **Ensino de Educação Física**. São Paulo: Cengage Learning, 2007.

NEVES, N. **O movimento como processo evolutivo gerador de comunicação**: técnica Klauss Vianna. Dissertação (Mestrado em Comunicação e Semiótica) – Pontifícia Universidade Católica de São Paulo, São Paulo, 2004.

NOVAK, C. J. **Sharing the Dance**. Wisconsin: The University of Wisconsin Press, 1990.

NOVAK, J. D.; GOWIN, D. B. **Aprender a aprender**. Lisboa: Plátano, 1996.

OLIVEIRA, J. P.; LEAL, L. A. P. **Capoeira, identidade e gênero**: ensaios sobre a história social da capoeira no Brasil. Salvador: EDUFBA, 2009.

OSHO. **Meditação**: a primeira e última liberdade. Rio de Janeiro: Sextante, 2007.

OSSONA, P. **A educação pela dança**. São Paulo: Summus, 1988.

PALLARÉS, Z. **Atividades rítmicas para o pré-escolar**. Porto Alegre: Redacta, 1981.

PARANÁ. Secretaria da Educação. **Diretrizes curriculares da educação básica**: Educação Física. 2008. Disponível em: <http://www.educadores.diaadia.pr.gov.br/arquivos/File/diretrizes/dce_edf.pdf>. Acesso em: 28 nov. 2018.

PAVIANI, J. A função educativa da dança em Platão: as leis, livro II, 652 a-674 c. **Do Corpo: Ciências e Artes**, Caxias do Sul, v. 1, n. 1, jul./dez. 2011. Disponível em: <http://www.ucs.br/etc/revistas/index.php/docorpo/article/download/1302/927>. Acesso em: 28 nov. 2018.

PEREIRA, M. L. **A formação acadêmica do professor de Educação Física**: em questão o conteúdo da dança. 187 f. Dissertação (Mestrado em Ciências da Motricidade) – Universidade Estadual Paulista, Rio Claro, 2007. Disponível em: <https://repositorio.unesp.br/bitstream/handle/11449/96087/pereira_ml_me_rcla.pdf?sequence=1>. Acesso em: 28 nov. 2018.

PEREIRA, S. R. C.; CANFIELD, M. de S. Dança na escola: desenvolvendo a emoção, a imaginação e o pensamento. **Revista Kinesis**, Santa Maria, v. 2, n. 25, p. 47-70, 2001.

PERES, A.; RIBEIRO, D.; MARTINS JUNIOR, J. A dança escolar de 1ª a 4ª série na visão dos professores de Educação Física das escolas estaduais de Maringá. **Revista Educação Física UEM**, v. 12, n. 1, p. 19-26, 2001. Disponível em: <http://www.periodicos.uem.br/ojs/index.php/RevEducFis/article/download/3760/2590>. Acesso em: 28 nov. 2018.

PORPINO, K. de O. **Dança é educação**: interfaces entre corporeidade e estética. Natal: ED. da UFRN, 2006.

_____. _____. 2. ed. Natal: ED. da UFRN, 2018.

PRINA, F. C.; PADOVAN, M. **A dança no ensino obrigatório**. Lisboa: Fundação Calouste Gulbenkian, 2000.

PUJADE-RENAUD, C. **Linguagem do silêncio**: expressão corporal. São Paulo: Summus, 1982.

RANGEL, N. B. C. **Dança, educação, educação física**: propostas de ensino da dança e o universo da Educação Física. São Paulo: Fontoura, 2002.

RENGEL, L. **Dicionário de Laban**. São Paulo: Annablume, 2003.

RIBAS, T. **Que é o ballet**. 3. ed. Lisboa: Coleção Arcádia, 1959.

RIBEIRO, A. M. Darcy Ribeiro e o enigma Brasil: um exercício de descolonização epistemológica. **Revista Sociedade e Estado**, v. 26, n. 2, p. 23-49, 2011. Disponível em: <http://www.scielo.br/pdf/se/v26n2/v26n2a03.pdf>. Acesso em: 28 nov. 2018.

RIBEIRO, D. **O povo brasileiro**: a formação e o sentido do Brasil. São Paulo: Companhia das Letras, 1995.

SANTOS, P. L. L. **Artes**. Curitiba: Iesde, 2003.

SBORQUIA, S. **A dança no contexto da educação física**: os (des)encontros entre a formação e a atuação profissional. 167 f. Dissertação (Mestrado em Educação Física) – Universidade Estadual de Campinas, Campinas, 2002. Disponível em: <http://repositorio.unicamp.br/jspui/bitstream/REPOSIP/275381/1/Sborquia_SilviaPavesi_M.pdf>. Acesso em: 28 nov. 2018.

SBORQUIA, S. P.; GALLARDO, J. S. P. **A dança no contexto da educação física**. Ijuí: Ed. da Unijuí, 2006.

SCARPATO, M. T. A formação do professor de Educação Física e suas experiências com a dança. In: MOREIRA, E. C. (Org.). **Educação Física escolar**: desafios e propostas. Jundiaí: Fontoura, 2004. p. 65-73.

SERGIO, M. **Epistemologia da motricidade humana**. Lisboa: Universidade Técnica de Lisboa, 1996.

SILVA, J. F. da; BANKOFF, A. D. P. Métodos de avaliação em educação física no ensino fundamental. **Conexões: Revista da Faculdade de Educação Física da Unicamp**, Campinas, v. 8, n. 1, p. 54-76, jan./abr. 2010. Disponível em: <https://periodicos.sbu.unicamp.br/ojs/index.php/conexoes/article/download/8637755/5446>. Acesso em: 28 nov. 2018.

SILVA, M. C. de C. e et al. A importância da dança nas aulas de Educação Física: uma revisão sistemática. **Revista Mackenzie de Educação Física e Esporte**, v. 11, n. 2, p. 38-54, 2012. Disponível em: <http://editorarevistas.mackenzie.br/index.php/remef/article/viewFile/3310/3788>. Acesso em: 28 nov. 2018.

SIQUEIRA, D. da C. O. **Corpo, comunicação e cultura**: a dança contemporânea em cena. Campinas: Autores Associados, 2006.

SOPHIA, L. Ai menina. Intérprete: Lia Sophia. In: _____. **Lia Sophia**. Rio de Janeiro: Som Livre, 2013. Faixa 14.

STOKOE, P.; HARF, R. **Expressão corporal na pré-escola**. São Paulo: Summus, 1987.

STRAZZACAPPA, M. Dança na educação: discutindo questões básicas e polêmicas. **Revista Pensar a Prática**, v. 6, p. 73-85, 2003. Disponível em: <https://www.revistas.ufg.br/fef/article/download/55/54>. Acesso em: 28 nov. 2018.

STRAZZACAPPA, M.; MORANDI, C. **Entre a arte e a docência**: a formação do artista da dança. São Paulo: Papirus, 2006.

TADRA, D. S. A. et al. **Linguagem da dança**. Curitiba: Ibpex, 2009. (Coleção Metodologia do ensino de artes).

TAVARES, I. M. **Educação, corpo e arte**. 2. ed. Curitiba: Iesde, 2005.

TERENA, L. F. **A visão dos povos indígenas**. Belém: Centro Universitário do Pará, 2005. p. 42-45. Discurso proferido no Painel II do evento Genoma Humano: Aspectos Éticos, Jurídicos e Científicos da Pesquisa no Contexto Amazônico. Disponível em: <http://www.ghente.org/publicacoes/genoma_contexto_amazonico/povos_indigenas.pdf>. Acesso em: 28 nov. 2018.

TURNER, B. S.; CRAD, M. S. M. **Corpo e sociedade**. São Paulo: Ideias e Letras, 2014.

UMANN, J. F. B. **Dançando em harmonia na cadência da transdisciplinaridade**: um referencial para o ensino das danças populares brasileiras na universidade. 91 f. Dissertação (Mestrado em Educação) – Pontifícia Universidade Católica do Rio Grande do Sul, Porto Alegre, 2007. Disponível em: <http://tede2.pucrs.br/tede2/bitstream/tede/3538/1/399730.pdf>. Acesso em: 28 nov. 2018.

VIANNA, K. **A dança**. 4. ed. São Paulo: Summus, 2005.

VIEIRA, M. de S. **Pastoril**: uma educação celebrada no corpo e no riso. 183 f. Tese (Doutorado em Educação) – Universidade Federal do Rio Grande do Norte, Natal, 2010. Disponível em: <http://repositorio.ufrn.br:8080/jspui/bitstream/123456789/14304/1/MarcilioSV_TESE.pdf>. Acesso em: 28 nov. 2018.

WEIL, P.; TOMPAKOW, R. **O corpo fala**: a linguagem silenciosa da comunicação não verbal. 2. ed. Petrópolis: Vozes, 1980.

WELLS, R. **O corpo se expressa e dança**. Rio de Janeiro: F. Alves, 1983.

WOSNIAK, C. do R. **Dança, cine-dança, vídeo-dança, ciber-dança**: dança, tecnologia e comunicação. Dissertação (Mestrado em Comunicação e Artes) – Universidade Tuiuti do Paraná, Curitiba, 2006.

XAVIER, C. N. Jazz, Jazz, Jazz... **Revista Consequência**, Campinas, ano 1, n. 1, p. 18, 1994.

Bibliografia comentada

BOURCIER, P. **História da dança no Ocidente**. 2. ed. São Paulo: M. Fontes, 2001.

A relevância dessa obra de Paul Bourcier está em seu caráter descritivo, visto que o autor apresenta a história da dança no Ocidente baseando-se em registros e documentos iconográficos criteriosamente analisados. Como resultado, a obra apresenta evidências documentadas da trajetória das manifestações da linguagem da dança, desde a era primitiva até a sociedade moderna.

As formas da dança, caracterizadas por passos, movimentos e desenhos, são propriamente contextualizadas como forma de comunicação corporal de diferentes grupos sociais em cada período analisado.

CALAIS-GERMAIN, B. **Anatomia para o movimento**: introdução à análise de técnicas corporais. 5. ed. São Paulo: Manole, 2010.

Essa obra é de extrema relevância, pois apresenta, de modo acessível, os conhecimentos anatômicos e as possibilidades de movimentações indispensáveis aos profissionais que trabalham com a dança, além de outras técnicas corporais.

Como professora de dança e cinesioterapeuta, Blandine Calais-Germain aborda didaticamente (inclusive com ilustrações comentadas) a morfologia e cinesiologia de todas as regiões do aparelho locomotor relacionadas às ações motoras realizadas no trabalho com a dança.

FARO, A. J. **Pequena história da dança**. 2. ed. Rio de Janeiro: J. Zahar, 1986.

Renomado crítico da dança, Antonio José Faro mostra uma visão panorâmica geral da dança, considerando seu surgimento e desenvolvimento até a atualidade. Nessa obra, a dança é abordada como ritual, arte e entretenimento. Sua história e evolução são narradas pelo autor de forma descritiva em períodos com características históricas e sociais, e conta com referências a muitos nomes e artistas que caracterizam a trajetória da dança.

GALLAHUE, D. L.; OZMUN, J. C. **Compreendendo o desenvolvimento motor**: bebês, crianças, adolescentes e adultos. 2. ed. São Paulo: Phorte, 2003.

Essa obra é de extrema relevância para balizar as intervenções do profissional no trabalho com a dança, pois apresenta as características das diferentes fases do desenvolvimento humano, além de indicar a aplicação de possibilidades de estratégias e intervenções práticas tanto em prol do crescimento e desenvolvimento motor quanto em termos de respeito à individualidade do aluno, considerando, em seu processo de aprendizagem, seu contexto, suas vivências e sua história.

GALLARDO, J. S. P. (Org.). **Educação física escolar**: do berçário ao ensino médio. Rio de Janeiro: Lucerna, 2005.

Nessa obra, Jorge Sergio Pérez Gallardo aborda os eixos da cultura corporal de movimento, entre os quais está a dança. Para isso, o autor apresenta, de forma prática, tanto referenciais teóricos quanto aplicações práticas de exercícios a serem executados com alunos de diferentes faixas etárias e fases de escolarização.

HASS, A. N.; GARCIA, A. **Expressão corporal**: aspectos gerais. Porto Alegre: EDIPUCRS, 2008.

Nessa obra, Hass e Garcia exploram os aspectos conceituais e históricos do universo da expressão corporal, bem como sua função no meio educativo.

Nas diferentes formas de desenvolvimento da expressão corporal, as autoras ressaltam a necessidade do planejamento de atividades contextualizadas com parâmetros convergentes com o campo educativo e cidadão. Além disso, elas apresentam, de forma didática, propostas práticas e planos de aula para o trabalho de expressão corporal a ser desenvolvido pelo professor de Educação Física.

LABAN, R. **Domínio do movimento**. 5. ed. São Paulo: Summus, 1978.

Primeira obra de Rudolf Laban publicada no Brasil, nela o autor explora as inúmeras possibilidades do movimento corporal humano em comunicação consigo e com o ambiente, trazendo para a dança uma gama de exercícios práticos que demonstram a possibilidade de experimentação, comunicação e aprendizagem para uma melhor expressão das unidades corporal, física, motora, social e afetiva.

NANNI, D. **Ensino da dança**. 4. ed. Rio de Janeiro: Shape, 2003.

Nessa obra, Dionisia Nanni aproxima os profissionais de educação física do trabalho com a arte da dança. Com base no conceito de dança como linguagem corporal, a autora leva o leitor a entender o potencial da prática educativa dessa linguagem e, ao mesmo tempo, explica possibilidades reais de estratégias de ensino-aprendizagem na área.

Respostas

Capítulo 1
Atividades de autoavaliação
1. c.
2. a.
3. d.
4. a.
5. b.

Capítulo 2
Atividades de autoavaliação
1. d.
2. e.
3. c.
4. a.
5. e.

Capítulo 3
Atividades de autoavaliação
1. c.
2. a.
3. c.
4. e.
5. c.

Capítulo 4

Atividades de autoavaliação

1. e.
2. b.
3. c.
4. e.
5. e.

Capítulo 5

Atividades de autoavaliação

1. a.
2. e.
3. a.
4. a.
5. c.

Capítulo 6

Atividades de autoavaliação

1. a.
2. d.
3. b.
4. a.
5. a.

Sobre a autora

Amante da dança desde a infância, **Silvia Ribeiro** é professora formada no magistério, graduada em Educação Física pela Universidade de Mogi das Cruzes (UMC) e especialista em Treinamento Esportivo pela mesma instituição. É mestra em Educação, Semiótica e Novas Tecnologias pela Universidade Braz Cubas (SP) e em Ciências Biológicas pela Universidade do Vale do Paraíba (Univap), além de doutora em Engenharia Biomédica pela mesma instituição.

Na especialização, investigou as alterações fisiológicas em bailarinos em diferentes *performances* coreográficas; no mestrado em Educação, Semiótica e Novas Tecnologias, analisou o movimento do corpo na esfera educativa com base na abordagem sistêmica corporal, por meio da qual conseguiu construir o conceito de *motricidade humana* como a evolução do aluno por meio das inferências da fenomenologia; no doutorado, examinou as respostas musculares diante de diferentes estímulos de ações motoras.

É professora de dança desde 1994. Em 2001, passou a atuar na formação inicial e continuada de Educação Física na Univap, no estado de São Paulo. Atualmente, trabalha na Universidade Estadual de Ponta Grossa (UEPG), no Estado do Paraná, tanto na formação inicial quanto na pesquisa e nos cursos de extensão e especialização na área de dança.

Impressão:
Dezembro/2018